正倉院文書を考える

宮﨑 健司
編

法藏館

刊行によせて

栄原永遠男

宮﨑健司さんの学問の特色――強み――はどこにあるであろうか。この単刀直入な問に対して、私は、正倉院文書（写経所文書）と仏教史・仏典の二つの柱を駆使して研究を進める点にあると答えたい。写経所文書の正確な理解のためには、前提としていろいろな手続きが不可欠であるが、それをふまえた的確な分析・読解とそれによって確定された事実が示され、次にその事実を仏教史の流れの中に位置づけて理解する。その理解は、奈良時代の政治史や教学や仏典の理解について新たな視点を提示することになる。

このような宮﨑さんの研究の特色は、初期の論文から表れている。早くから上記の二本柱の統合を目指していたといえよう。一例をあげると、「年料多心経について」（『仏教史学研究』三五‐二、一九九二年十一月）では、まず写経所文書の詳細な検討によって、天平十八年年料および天平二十一年料について、書写過程を詳しく明らかにしている。前者については、天平十八年二月から三月にかけて写され、その目的は聖武天皇・光明皇后の平安を祈ることにあり、一日一巻二人分の計算で合計七六八巻が写されたとする。後者は前年の天平二十年のうちに完成しており、書写の目的・巻数は天平十八年料と同じことを確認している。

以上の確定した事実に基づいて、年料多心経の写経の開始は天平十八年からであるとする。そして、この年に始められたのは当時の政治情勢と密接に関係することを指摘する。恭仁京・難波宮・紫香楽宮をめぐる五年間の遷都ののち、天平十七年にようやく平城還都となったが、その後始末や玄昉の左遷、聖武天皇の重病などをへた最初の年が天平十八年であり、それを契機に写経が企画されたと指摘している。さらに藤原仲麻呂は般若心経を重視していたが、この写経事業は、智光の勧めを受けた藤原仲麻呂が企画進言したものであるが、その背景には仲麻呂自身の政界における地位安定の祈願も含まれていたとしている。最後に、この年料多心経がいわゆる隅寺心経の中に伝存しているとの見通しを示している。

ここでは、写経所文書の検討によって書写過程・目的・巻数の意味を確定し、そのうえで仲麻呂と般若心経、智光と般若心経の関係を明らかにし、さらに当時の政治過程の中に位置づけてこの写経の意義を指摘している。このように、先に指摘した二本柱を駆使した研究の特色が明瞭に見て取れる。ここで取り上げた年料多心経に関する論文は一例にすぎず、他の宮﨑さんの論文も多かれ少なかれ共通する特色を備えている。

日本史・写経所文書の研究者の側からの仏教史や仏典の研究は、本書が如実に示しているように、近年かなり進んできたと言える。その前提には写経所文書の理解の深化がある。この方向は今後もますます展開・進化していくであろう。一方、仏教史・仏典研究の側からの写経所文書に依拠した研究は、残念ながらあまり活発とは言えない。これは、写経所文書に対する関心の薄さもさることながら、それを扱う手続きの習得がハードルになっているのではないかと思われる。いずれにせよ、写経所文書研究と仏教史研究の交流が希薄である現状は、望ましい状態ではあるまい。

宮﨑さんは、大谷大学という仏教系の大学・大学院に学び、その後同大学に就職した。仏教史・仏典に関する学習を続け、研究を蓄積することのできるまたとない環境にいたのである。たとえば「大谷大学博物館蔵『判比量論』断簡の性格」「大谷大学蔵『開元釈教録』巻十九――奈良時代一切経目録の痕跡――」（いずれも『日本古代の写経と社会』所収）などは、表題が示すように、大谷大学が所蔵する仏典を素材とするものであることに、そのことがよく表れている。

一方、一九九一年十月に相愛大学で正倉院文書研究会の第九回研究会が開催される直前に、宮﨑さんから参加したいとの連絡があり、大歓迎である旨を返事したことを記憶している。宮﨑さんはそれから同会に毎回参加されるようになり、翌一九九二年十月の第八回研究会（於京大会館）では「大宝積経の勘経について」という研究発表をされている（これはその後「天平勝宝七歳における『大宝積経』の勘経」として『正倉院文書研究』二〔一九九四年十一月〕に発表された。本書所収論文は勘経に焦点を当ててさらに発展させたもの）。また一九九一年度（平成三）の後期から数年間にわたって、大阪市立大学の正倉院文書ゼミに参加された。

一九九一年というと、宮﨑さんのこの方面の最初の論文「天平宝字二年の写経事業――七月四日内相宣写経を中心として――」（『古代文化』四一－九）が一九八九年九月に公表された約二年後に当たるが、これらによって宮﨑さんは、写経所文書の研究方法を着実に身につけていかれたと思う。

以上のように、宮﨑さんは写経所文書を的確に分析する能力を保持しているうえに、仏教史・仏典に関する研究を蓄積してきた。この意味で宮﨑さんは、写経所文書の研究と仏教史・仏典研究の間を橋渡しすることのできる数すくない貴重な研究者であるということができる。宮﨑さんの定年退職を記念して刊行される本書は、日本史・写経所文書研究の最先端を示すものであるが、他方で仏教史・仏典研究の側に手を差し伸べる大きな仕事ということも出来よう。宮﨑さんには、今後とも両者の交流を牽引・推進していただけるよう期待したい。

正倉院文書を考える❖目次

正倉院文書を考える

良弁宣による三疏書写

――天平勝宝元年の「刊定記」書写を中心に――

遠藤慶太

はじめに

小篇は良弁の宣によって天平勝宝元年（七四九）に東大寺写経所で行われた間写経について、正倉院文書中の関連史料を整理し考察を試みるものである。

天平勝宝二年一二月二三日付で作成された「造東寺司案」（続々修四一帙三、大日本古文書〈編年文書〉一一巻四三九～四四七頁）によると、天平二〇年（七四八）五月一日から天平勝宝二年一二月一五日にかけて東大寺写経所で行われた写経事業についての給与（布施）が申請されている。そこに良弁の宣によって書写された三件の章疏（中国撰述の仏典の注釈）がみえている。

造東寺司解　申請㆓経師等布施㆒事

合奉㆑写論幷疏三百二巻

九十六巻、依㆓間仰給㆒所㆑奉㆑写

（中略）

大品経疏一部十巻 吉蔵師撰
涅槃経疏一部十五巻 宝法師撰
花厳経疏一部廿四巻 恵苑師撰
　右三疏、依二良弁師天平勝宝元年九月十二日宣一、所レ奉レ写
二百六巻、一切経之内疏 十一巻論 一百九十五巻疏

（後略）

この時期、写経所が継続していた光明皇后発願の一切経（いわゆる五月一日経）の書写事業は、唐・智昇撰『開元釈教録』に入蔵された仏典（大乗経・律、小乗経・律）を網羅し、さらに章疏まで書写する段階に拡大していた[1]。「造東寺司案」でも、布施の対象となったのは「論幷疏三百二巻」、その内訳は「間《あい》に仰せたまふにより」写された九六巻と「一切経の内の疏」（五月一日経、常疏）として写された二〇六巻に分かれる。良弁の宣によって写された三疏は前者、いわゆる間写経にあたる。

良弁宣の三疏は本経の借用や疏生（章疏の書写に当たった写経生）・校生へ割り当てた帳簿が残る。また布施申請に関する複数の帳簿があり、当初は銭で計上されていた布施を布に換算するために数値の修正が行われた。三疏の書写は小規模ながら作業経過のおよそをうかがうことができ、なかには東大寺の『華厳経』講説と少なからぬ関係が見出されるものもある。

そこで小篇は良弁の宣で天平勝宝元年八月から書写された「大品経疏」「涅槃経疏」「花厳経疏」に注目し、残さ

れた史料によって事業管理や布施申請の算出といった写経所の業務をあらためて検討してみたい。加えて天平勝宝元年の段階でこれら章疏を書写した背景についても考察を試みる。

一　三疏書写事業の流れ

三疏書写の関連史料

まず良弁の宣によって東大寺で書写がなされた三件の章疏について、その撰者・現存の状況を確認しておく。『大品経疏』一部十巻は、隋の吉蔵撰で、姚秦・鳩摩羅什訳『摩訶般若波羅蜜経』（大品般若経）に対する注釈である。新纂大日本続蔵経（二四・No.四五二）に収録されており、全十巻のうち第二巻は失われた。(2)『涅槃経疏』一部十五巻は、玄奘門下の法宝撰で、北涼・曇無讖訳『大般涅槃経』に対する注釈である。「涅槃経義記」の称もあり、近代になって発見された版本の巻第九・第十は影印で刊行された。(3)『花厳経疏』一部二十四巻は、唐・慧苑（恵苑とも）述の『続華厳経略疏刊定記』である。唐・実叉難陀訳『大方広仏華厳経』（八十華厳）に対する注釈で、新纂大日本続蔵経（三・No.二二一）に収録された。慧苑「刊定記」は華厳教学で重要視された章疏である。(4)

良弁が関与した写経事業の全体像は濱道孝尚氏によって関連史料が集成されており、それに従って三疏書写の関連史料をまとめると次a～lの一二件になる。(5)これらの史料にもとづき、三疏の書写事業を再現してみたい。(6)

a「装潢受紙墨軸等帳」　続々修三七帙四　大日古一一巻一五七頁

大品疏の料紙納入（抹消）

b
「請処々疏本帳」　続々修一五帙七　大日古一一巻三九～四二頁
大品疏・涅槃疏・花厳疏の本経借用

c
「疏本充経師校生帳」　続々修三五帙八　大日古一一巻八九～九三頁
大品疏・涅槃疏・花厳疏の疏生・校生への作業割り当て

d
「写書所解案」　続々修二四帙三裏　大日古一一巻三七四～三七六頁
大品疏の布施銭申請（前欠）

e
写書所解（案）　続々修二四帙三（2）裏　大日古一一巻三七六～三七九頁
涅槃疏の布施銭申請

f
写書所解（案）　続修後集三八（4）裏、（3）裏　大日古三巻四二三～四二五頁
涅槃疏の布施銭申請、（4）裏・（3）裏は中間欠（4行分）で続く、eと同じ。

g
写書所解（案）　続修別集二五②　大日古三巻四一九～四二二頁
花厳疏の布施銭申請

h
「写書所解案」　続々修二四帙三裏　大日古一一巻三八〇頁
花厳疏の布施銭申請（gの冒頭二行と同様の断片）

i
「造東寺司解案」　続々修四一帙三　大日古一一巻四三九～四四七頁
大品疏・涅槃疏・花厳疏を含む東大寺写経所全体の布施申請

j
「造東寺司解案」　続々修四〇帙一裏　大日古一一巻四四八～四四九頁

大品疏・涅槃疏・花厳疏を含む東大寺写経所全体の布施申請、ｉの冒頭断片

ｋ　写疏注文　続修後集一七裏　大日古二四巻六〇三頁

大品疏・涅槃疏・花厳疏に関する書写のメモ

ｌ　「写書所経幷疏惣帳」　続々修一六帙六　大日古一一巻三四六～三四七頁

大品疏・涅槃疏・花厳疏を含む東大寺写経所での間写経の進捗状況確認

写経を命ずる宣と料紙の納入

吉蔵撰『大品経疏』・法宝撰『涅槃経疏』・慧苑述『続華厳経略疏刊定記』は、いずれも良弁の宣によって東大寺写経所の業務として書写が進められた。間写を総合した布施申請解（ｉ）によれば、宣は三疏共通して天平勝宝元年九月一二日に出されたことになっている。

ところが「大品疏」単独の布施申請解（ｄ）では、「大品疏」は天平勝宝元年八月一九日大徳宣で書写が命じられたとある。いっぽう「涅槃疏」単独の布施申請解（ｅ・ｆ）では、この疏は天平勝宝元年九月九日大徳宣で書写が命じられた。

「大品疏」「涅槃疏」「花厳疏」三疏は本経の手配（ｂ）、書写と校正の充本（ｃ）について、題籤を付けた帳簿が残る。このように整理された史料の存在は、業務を管理した側が良弁の宣によって行われた三疏の書写を一連の事業とみなしていたことの証である。けれども書写を命じる良弁の宣が出された日付は、それぞれ次のように異なっていた。

「大品疏」　天平勝宝元年八月一九日宣（ｃの訂正後の日付、ｄ）

「涅槃疏」　天平勝宝元年九月九日宣　（e・f）
「花厳疏」　天平勝宝元年九月一二日宣（g）

実際は散発的に出された指示によって三疏の書写が進められ、作業終了後に布施を請求する段階になって事業の共通性を考慮し、天平勝宝元年九月一二日宣によって作業がスタートしたものとして一括されたのであろう（i・j）。

写経に必要な料紙の納入や装潢による準備作業については史料が乏しい。写経所での料紙納入を記載した帳簿にある次の記載が唯一のものである（a）。

大品経疏一部十巻吉蔵師料　自大徳御所来白紙三百〈四百五十〉張　装潢充春日虫麻呂

この一行は墨を引いて抹消されていて、次の行も擦り消されていて、紙焼写真では「大徳宣奉写」の文字がかろうじて判読できる（続々修三七帙四　第13紙）。

墨抹消の前の項目は、やはり「大徳之所」からの白紙八五張の納入で、それは「大般若宗要を写す料」と注記されている。これは天平勝宝元年七月二八日良弁宣で三疏の直前に書写されていた新羅・元暁述『大恵度経宗要』であるから（i・j）、日付がないとはいえ、それに続く項目は「大品疏」の料紙納入を記したものと推測される。

墨引で抹消された理由は判然としない。しかし一旦は「大品疏」の料紙が良弁のもとからもたらされたことが記載されていた。疏生・校生に作業を割り当てた帳簿からは、「大品疏」の書写では空・破を含めて三六七張が計上されているので（c）、当初の三〇〇張では不足し、右傍で修正した四五〇張では多すぎる数値である。

「涅槃疏」「花厳疏」は、料紙納入に関する記載が確認できない。

本経の手配

書写に必要な本経の手配は、表裏に「請処々疏本帳」と記す題籤軸を付けた3紙からなる帳簿が残されている（b）。この帳簿は、まず第1紙が「大品経疏」を貸し出した僧・臨照の送り状で、その余白に他の経疏（解深経疏・大乗義記・花厳経恵苑師疏）の借用記録を写経所の側で追記してゆき、さらに第2紙を継いで借用の記述を続け記した。そして僧・厳智が「花厳疏」を貸し出した送り状を第3紙として貼り継いでいる。

第1紙「大品経疏」貸出についての状は全面一筆で、僧・臨照の自筆である。

> 大品経疏一部 十巻有帙 吉蔵師所作者
> 右、被二今月十三日牒一偁、「大品経疏為レ奉レ写、本借進上」者。今依二牒旨一、奉レ送如レ前。望請、奉レ写竟日、早給二本主一。具注二事状一。謹上。
> 天平勝宝元年八月十七日臨照

臨照は大安寺・法隆寺などの資財帳に天平二〇年六月一七日付で僧綱の佐官業了僧として判署しており、天平宝字五年（七六二）一〇月一日付の「法隆寺東院資財帳」では「可信法師臨照」と、法隆寺側の僧として署名をしている。この人物が所蔵する吉蔵の「大品経疏」が本経とされた。臨照の送り状は本経とともに写経所にもたらされたのであろう。

臨照の送り状の余白を利用して、引き続き写経所での章疏借用記録が記されていくが、そのなかにある「大乗義記一部十五巻」が、法宝撰の『涅槃経義記』（涅槃疏）を指す可能性がある。

大乗義記一部十五巻 慶記師書者 黄紙白表柒塗軸无緒
「天平勝宝二年九月廿四日、付二僧敬備一、送遣已訖 知賀茂筆」
天平勝宝元（ママ）九月三日知史生阿刀
村山首万呂

「大乗義記」との書名はきわめて用例が少ない。正倉院文書のなかでは、他に天平勝宝四年に類収された間写経の目録（「写書所間写経疏目録」大日古一二巻二九五頁）、天平勝宝七歳二月一九日の貸し出し記録（「経疏出納帳」三巻六五四頁、「宮一切経散帳」同一〇巻三二八頁）のみである。一部十五巻という巻数や後述する「涅槃疏」の書写期間（天平勝宝元年九月一四日から同年一二月九日）からすれば、ここにある「大乗義記」は法宝「涅槃疏」を指すのではなかろうか。

本経の注記・追筆について確認すると、「慶記師の書なり」とあるのは、撰者ではなく所蔵者を示したものと解釈される。ただ慶記、さらには行間に追記された返却時に使となった僧・敬備は、正倉院文書ではここにしかあらわれない。返却の日付は装潢による仕上げ作業の終了時期（1、天平勝宝二年の九月九日）とも矛盾がない。

この大乗義記の次の項から「花厳疏」借用の記録がみられ、紙継目をまたいで断続的に続いてゆく（第1紙～第2紙）。

花厳経「恵苑」師疏四巻（第十三　十四　十五　十六巻者／書主「性泰」者）
天平勝宝元年九月十七日知史生阿刀

…………………………………………………………（紙継目）

花厳経「恵苑」師疏三巻（第五　第九　第十二巻者／書主「性」體師者）
天平勝宝元年九月廿四日知賀茂書手
史生阿刀

（後略）

「花厳疏」の書主は華厳複師を務めた性泰（性體・相泰とも表記）である。ここにある「書主」も大乗義記と同様、所蔵者を指す。性泰の「花厳疏」が借用されたことは重要である。

東大寺写経所では、天平二〇年九月から天平勝宝元年四月にかけて法蔵述『華厳経探玄記』（大正三五・No.一七三三）を二部、慧苑述『続華厳経略疏刊定記』を三部、合計五部の書写を行った。一連の帳簿で「寺花厳疏」（続々修六帙一の題籤、大日古一〇巻八二頁など）と通称されたこの写経事業は、堀池春峰氏が東大寺での『華厳経』講説に関わって言及し[7]、その後、森明彦・宮崎健司両氏によって全貌が明らかにされている[8]。三部書写された「刊定記」は、性泰師所・標瓊師所・講師所に奉請された（「寺花厳疏本幷筆墨紙充帳」続々修六帙一、大日古一〇巻一〇七～一〇九頁）。このうち「講師所」とは天平二一年四月当時の華厳講師・厳智を指すと推定されている。「寺花厳疏」の書写は東大寺の『華厳経』講説のためのものであった。

つまり天平勝宝元年九月の良弁宣による「花厳疏」書写では、「寺花厳疏」で新たに書写された「刊定記」が本経に求められた。性泰のもとからは天平勝宝元年九月一七日から同一〇月二二日まで、都合五回の借用記録がある。それとは別に、天平勝宝元年一一月一〇日付の僧厳智からの送り状が貼り継がれている（第3紙）。

謹啓　進上華厳疏事

　　第二巻　末後来

合弐〔三〕巻　第二巻本　第十二巻「末」

右疏、第二巻本、借師不レ坐者、進上不レ得。仍随レ在進上如レ件。以謹啓。

天平勝宝元年十一月十二日

僧厳智状

厳智は華厳講師であり、やはり「寺花厳疏」の奉請先の一人である。その彼にも本経提供が求められた。厳智は「花厳疏」の第二巻本は借りるべき師がいないと嘆いているので、本来は自分が手許で利用したい「花厳疏」をしぶしぶ貸し出したということであろうか。「花厳疏」（刊定記）が稀少であったことを髣髴とする文言である。

b「請処々疏本充帳」での「花厳疏」借用と、この後で検討するc「疏本充経師校生帳」での疏生・校生への割り当てを対照させたのが、次の表1である。

本経の借入日と疏生への充本の日付は矛盾がない。唯一借入日の記載がない第二巻末については、b厳智は「第二巻末、後に来る」と注記していて、一一月一二日の時点で写経所にはまだ届いていなかった。cでの充本に照らすと、その後暫くして写経所に届けられ、一一月二〇日に糸井市人に充てられたことがわかる。

表１　花厳疏の本経借用と充本の状況

		b 本経の借用		c 疏生・校生の作業				
	花厳疏	本経の所蔵者	借入日	充本日	担当した経生	枚数	担当した校生	提出日
1	1	相泰	10月17日	10月17日	楢原内万呂	58	竹原乙万呂	
2	2本	厳智	11月12日	11月22日	大伴養万呂・小治田人公	38	矢集・乙成	
3	2末			11月20日	糸井市人	41	矢集・乙成	12月3日
4	3	相泰	10月22日	10月28日	糸井市人	48	田部乙成	
5	4本末	相泰	10月22日	10月25日	秦在職	45	竹原乙万呂、田部乙成	11月22日
6				10月25日	大鳥春人	28	忍坂友依・田部乙成	11月6日
7	5本末	性體	9月24日	10月22日	阿刀月足	37	竹原乙万呂・矢集	11月6日
8				9月24日	楢原内万呂	32	呰万呂	10月1日
9	6本末	性泰	10月5日		楢原内万呂	45	田部乙成	10月16日
10				10月6日	土師東人	43	忍坂友依	10月21日
11	7	性泰	10月5日	10月6日	巨世万呂	61	飽田石足	
				10月6日	錦豊成	47		10月25日
12	8本末	性泰	10月5日		山部針間万呂	42	田部乙成・忍坂	10月26日
13				10月7日	錦人成	37	矢集・竹原	10月25日
14	9本末	性體／性泰	9月24日／10月5日	9月24日	台万呂	45	田部乙成	10月10日
15				10月6日	赤染人足	29	田部・矢集	10月16日
16	10	性泰	10月5日	10月15日	若宮大淵	60	大淵・民長万呂	11月22日
17	11本末	相泰	10月17日	10月21日	民長万呂	45	宅万呂・若倭部	11月28日
18				10月17日	久米能鷹	39	田部乙成・竹原乙万呂	11月7日
19	12本末	性體／相泰	9月24日／10月22日	9月24日	勇山八千石	40	忍坂友依・田部乙成	10月7日
20		厳智	11月12日	11月20日	矢集小道	26	忍坂	11月22日
21	13	性泰	9月17日	9月18日	巨世万呂	44	田部乙成	9月25日
22	14	性泰	9月17日	9月18日	茨田兄万呂	53	田部乙成	10月1日
23	15	性泰	9月17日	9月19日	若倭部益国	47	忍坂友依・矢集	10月3日
24	16	性泰	9月17日	9月20日	秦在職・若宮大淵	59	在礒・田部乙成・大淵	10月17日
						1089張		

また本経の借用・充本の状況をみる限り、良弁宣で書写された四部目の「刊定記」は、性泰・厳智二人が蔵するテキストを書写した混合本（異なる来歴をもつ本文の取り合わせ）となる。

書写と校正

三疏書写の作業進行をうかがううえで最も重要な史料が、c「疏本充経師校生帳」である。冒頭、表面に「疏本充帳」と記した題籤軸を付け、三疏合わせた疏生・校生への割り当てが3紙にわたって記されている。この史料があることで三疏書写の詳細が判明するだけでなく、良弁の宣による三疏の書写事業が一括で管理され、密接な関係をもつことを推察できる。

この帳簿は冒頭に「天平勝宝元年九月《ママ》十九日」との書き出しをもつ。あるいはこの日付は、「大品疏」の書写が命じられた天平勝宝元年八月一九日宣の日付を誤記したのかもしれない。「大品疏」第一巻を充てられた坂上建万呂の左に「八月廿五日」の日付があり、これが充本開始の日付と解釈されるから、九月一九日では前後関係が合わない。

第1紙の半ばまでが「大品疏」、その後は紙継目をまたいで第2紙目の後半までが「涅槃疏」、そして「花厳疏」が紙継目をまたいで第3紙目まで記され、余白を二四センチほど残している。①割り当てた巻数・②用紙数・③日付と、三段に分けて必要事項を記入する体裁、いわゆる口座式の記載欄が用意されていて、①には疏生の名、②には校生の名が細字で追記されてゆく。③の日付は「上」とあり、書写・校正を終了した巻軸が写経所に提出された日付を示すのであろう。

「大品経疏」一部十巻の書写は一一名の疏生・五名の校生が担当した（d布施申請解では、疏生十人・校生二人）。

①の疏生への充本の日付は、第一巻を坂上建万呂に充てた横に「八月廿五日」とあり、他は空欄のままである。③の提出の日付はすべて記されていて、第九巻の九月四日がもっとも早く、第四巻を提出する九月一八日まで作業が行われた。用紙数の合計は空・破を含めて三六七張、布施申請解で計上された「大品経疏」の用紙は「三百七十七張」（d）で、一〇張の誤差がある。

「涅槃経義記」一部十五巻の書写は一六名の疏生・一二名の校生が担当した（e布施申請解では、疏生十四人・校生四人）。「涅槃疏」の場合、「一部十五巻」ではあるが、第十一巻が上・下に分巻されている。第十二巻の記載を行間に割り込ませて記述しており、訂正などもあってやや混乱している。①疏生への充本はすべて日付が書き込まれ、第三巻を山部針間万呂、第十巻を若宮大淵に充てた九月一四日の充本が最初になる。したがって「大品疏」の書写終盤には「涅槃疏」書写に作業が移行した。③提出の日付は、第五巻の「上九廿六日（ママ）」がもっとも早く（ただし、この日付は重ね書きで訂正されたもの）、第二巻の「上十二月九日」がもっとも遅い。最後の第十五巻に至っては②用紙数・③提出日付が書かれておらず、その代わり「九月九日造上十五巻収筆」との受納記載がある。第十五巻を除いた用紙数の合計は空を含めて一〇〇八張となる。この数値は布施申請解と一致する（e・f）。

「涅槃疏」書写では、書写・校正後に装潢に充てたことが書き込まれている。「已上十五巻、以勝宝二年七月廿一日充書造〔受物部足国／知書〕」とあり、「涅槃疏」十五巻が装丁に充てられたのは、年を越えて天平勝宝二年七月までずれこんだ。充てられた装潢・物部足国は天平勝宝二年八月付の「涅槃疏」単独の布施申請解にみえるものの、「造紙二百五十二張」としかない（e・f）。彼は装潢を代表して受け取っただけで、彼を含む五人の装潢が成巻作業に当たったと考えられる。なお経巻を疏生から受け取り、装潢に出した写経所側の管理者は「筆《ふみて》」、案主の鴨書手である。[9]

「花厳経慧薗師疏一部」の記述はかなり複雑で、そもそも三疏のうち「花厳疏」だけが標題のもとに巻数が記されていない。①割り当てた巻数は、最初は均等な行間隔で書かれていたが、過半の巻が本・末に分巻される巻編成であるため、後から気づいて行間に押し込んで記述するなど混乱がうかがえる。写経所の側が実巻数を把握しきれていなかったのであろう。

記載された巻数を数えれば二五巻になるが、行間に書き込まれた第七巻末（錦豊成の四十七張）は抹消されている。「寺花厳疏」でも第七巻は本・末に分巻されていないので、写経所側での誤りがあった。実態のある紙数ではあるが、錦豊成の分は除外され、「花厳疏」の布施申請解では「題疏一部廿四巻」（g）と把握されている。

「花厳疏」の書写・校正では二〇名の疏生・一二名の校生の名がみえる（g布施申請解では、疏生廿一人・校生四人）。①疏生への充本では、第十三巻を巨世万呂、第十四巻を茨田兄万呂に充てた九月一八日の日付が最初なので、「花厳疏」の書写は「涅槃疏」書写とほぼ同時に並行して作業が進められた。③提出の日付は、第二巻末の「上十二月三日」が最終である。「涅槃疏」とともに天平勝宝元年一二月上旬には、書写・校正まで終了した。

第七巻末は抹消されているので、生きている記載を択ぶのは複雑であるが、ともかく用紙数を合計すると一〇八九張となる。「花厳疏」単独の布施申請解では用紙は「一千卌二張」とあり（g）、紙数では近似する。

また最末尾には「造書已訖久米家足」とあり、日付はないものの装潢・久米家足が受け取って、仕上げの表装がなされた。

c「疏本充経師校生帳」からうかがえる三疏それぞれの書写期間・正用の紙数をまとめると、次のようになる。

「大品疏」　天平勝宝元年八月二五日〜同年九月一八日　正用三六七張

「涅槃疏」　天平勝宝元年九月一四日〜同年一二月九日　正用一〇〇八張

「花厳疏」　天平勝宝元年九月一八日～同年一二月三日　　正用一〇八九張

二　奉請と布施申請

奉請された章疏

書写された三疏の奉請先は、天平勝宝二年七月二一日付で賀茂書手がまとめた1「写書所経幷疏惣帳」に記載がある。1は「経幷疏惣帳」と書き出され、2紙にわたって東大寺写経所で写しあがった間写経を経・疏に分けて列挙している。千部法花経・百部最勝王経・寿量品四千巻など著名な間写に続いて、四件の章疏が挙げられている。

疏　大品経疏十巻　料未給　在他田所
花厳恵苑師疏一部　料未給　奉請法華寺已訖
涅槃疏十五巻　料未給　装潢所上　以九月九日造上已訖
仁王経疏三百巻　料給了　奉請内裏已訖

注記によると、天平勝宝二年七月の段階で三疏書写に対する布施支給は未だ行われていない。それが後掲の天平勝宝二年八月付（d・e・g）、あるいは同年一二月二三日付の布施申請解（i）で布施額が算定されてゆく。「大品疏」は「他田所」に所在するという。iの布施申請解で日下に名のある写経所の案主、他田水主のもとで保管されていた。

「涅槃疏」は「九月九日」には装潢による仕上げ作業まで終了していた。先にみた写経の進捗をみると、「涅槃疏」写経は天平勝宝元年一二月まで書写・校正が続いていたから（c）、ここの「九月九日」は天平勝宝二年である。「涅槃疏」に関する記述と推定した本経（大乗義記）返却についての追記が天平勝宝二年九月二四日であった（b）。時系列で矛盾はないが、天平勝宝元年一二月に校正まで終了したのに、装潢による仕上げ作業が翌年九月までかかったのはずいぶんと遅い。その理由は『仁王経疏』の書写など別の作業が優先されたことが考えられる[10]。

「花厳疏」は布施こそ未給であるが、既に写しあがった疏は法華寺に奉請されていた。法華寺と慧苑述『続華厳経略疏刊定記』でいえば、天平勝宝三年九月一日の良弁宣に応じて法華寺の宝浄尼が「刊定記」を貸し出している（経疏出納帳、続修後集三八(6)　大日古三巻五五五頁）。宝浄尼は天平勝宝四年閏三月二十八日付で写経所に返却を督促しており、「供養大会」での使用を理由に挙げた（「法華寺尼宝浄啓」続々修三帙三裏、大日古一二巻四一頁、「東大寺写経所返疏文」続々修三八帙三裏　大日古一二巻二五七～二五八頁）。大仏開眼の行われた時期にあっても、「刊定記」は依然として稀少な『華厳経』の章疏であった。

良弁宣による「花厳疏」の書写目的を考える場合、やはり「寺花厳疏」との連続性は見逃せない。「寺花厳疏」書写の全体像を明らかにした森明彦氏は、当初この写経事業は新疏（刊定記）一部の書写を目的としていたものから新旧五部に変更されたこと、「寺花厳疏」書写は良弁が指示した可能性があることを推測した[11]。では、これまで検討してきた良弁宣による「花厳疏」書写を併せて考えれば、どうであろうか。

「寺花厳疏」での「刊定記」（三部）、良弁宣による「刊定記」（一部）、ふたつの「花厳疏」書写を時系列で整理する。「寺花厳疏」書写は天平勝宝元年四月に終了し、すべての巻が装丁作業に回された。同月に布施の申請も行われ、四月から五月にかけて大安寺や東大寺三綱が布施銭を写経所に送っている。

ところが同年九月になると良弁宣によって「刊定記」書写が命じられ、華厳複師であった性泰に対し「刊定記」の借用が申し入れられた。実は常疏（五月一日経）での「刊定記」書写は、天平勝宝二年六月に本経を借用し（経疏出納帳、塵芥二二④裏、大日古一一巻二五六頁〜）、同三年八月の段階でも全二十四巻のうち四巻の書写が終了していなかった（「写書所解」続々修四〇帙一裏、大日古一一巻五五六頁）。良弁は常疏に先だって「刊定記」書写を命じたのである。そして写しあがった四部目の「刊定記」は法華寺に奉請された。

以上の時系列を勘案すれば、八十華厳の章疏として新疏（刊定記）の重要性が認められた結果、「寺花厳疏」での三部の他にもう一部が必要になり、再び書写が行われたことになる。常疏よりも先に四部目の「花厳疏」を需める良弁の意志は明確で、逆にそこから「寺花厳疏」書写についても良弁が指示した可能性は高まる。良弁宣による慧苑「刊定記」書写は、天平二〇年ごろから続く『華厳経』の研学・講説の高まりのなかに位置付けることができる。(12)

複数の布施申請解

三疏の書写に対する布施申請解案は複数が残されている。まず「大品疏」単独のもの（d、前欠）、「涅槃疏」単独のもの（e・f）、「花厳疏」単独のもの（g・h）があり、これらはともに天平勝宝二年八月の日付をもつ。それらとは別に当該時期の写経所で行われた書写全般の布施を計上したものがあり（i・j）、こちらは天平勝宝二年一二月二三日付で、作成者他田水主の名がある。

東大寺写経所では写経に対する給与支払いは布が多いが、絁や銭で計上されることもある。(13) 三疏それぞれの布施申請では、最初は銭による支払いが計算されていた。以下、複数の帳簿を対照して記載の変更を確認しておきたい。

「花厳疏」の布施銭を請求したg写書所解（案）が記述として首尾完結し、3紙にわたっておおむね楷好な字で記述されている。疏生は二一名、校生は四名、装潢は三名で（題師の名はみえない）、仕事量と布施銭は冒頭に次のように計上されている。

写書所解　申請㆓花厳経慧薗師疏疏生等布施銭㆒事
　合写疏一部　廿四巻
　　用紙一千卌二張
　　校紙二千八十四張　校二度
　　装潢紙一千五十四張　十二張者表紙
　　題疏一部　廿四巻
合応㆑賜布施銭八貫三百十文
七貫二百九十四文疏生料　以銭七文、充紙一張
四百十七文校生料　以銭一文、充紙五張
五百廿七文装潢料　以銭一文、充紙二張
七十二文題師料　以銭三文、充紙一張
　（後略）

疏生は一張を写して七文、校生は五張を校正して一文、装潢は二張を仕立てて一文、題師は三文、との布施銭の

算定基準は、「大品経」「涅槃疏」でも同様である（d、e・f）。

ところでe・f二点ある「涅槃疏」の布施申請解を比較すると、fでは若倭部益国一人で計上されている校正料が、eでは六人の校生名・銭の金額が細かく記入されている。実際は複数人で校正を行ったのに、支払い申請では若倭部益国一人の実績として帳簿上で合綴したことがうかがえる。

「大品経」「涅槃疏」「花厳疏」単独の布施申請解に対して、i「造東寺司解案」は写経所全般での布施を計上している。布施銭の総計・算出基準を書いた冒頭部分は次のとおりである。

造東寺司解　申請二経師等布施一事
　合奉レ写論幷疏三百二巻
　　（中略）
応給布施銭六十三貫二百十五文
　五十四貫三百五十六文経師料
　　一貫一百卅五文論料　以五文、充一張
　五十三貫二百廿一文疏料　以七文、充一張
三貫一百卅二文校生料　以一文、充校紙五張
三貫九百九十文装潢料　以一文、充紙造二張
一貫七百卅七文題師料　以三文、充題経一張
　（後略）

一紙に対する布施基準は、論（五文）と疏（七文）で異なる。光明皇后発願一切経（五月一日経）であれば、楷好な文字が一紙二四行前後・一行一七字詰で書写されているのに対し、疏ではこの規格に当てはまらないことも多い。以前にも注と麁で布施額を変えた例はあり、細字や注などで文字数が増える疏は、同じ一紙でも増額しているのだろう。特に「花厳疏」（刊定記）は第一巻には「用五十八張之中注十三枚」との記述がみられた（c）。巻編成や本文の状況はかなり複雑である。(14)

i「造東寺司解案」での記載があるのは、疏生五〇名（48上毛野伊賀万呂は追記）・題師一名・校生一六名・装潢九名である。疏生に対する布施額を、d大品疏・e涅槃疏・g花厳疏単独の布施と比較しながらまとめたのが表2である。

iの布施申請解で注目されるのは、銭で計上されていた布施を布に置き換える換算修正が書き加えられている点である。価値尺度となる物品と銭貨との機能を分析する事例として黒田洋子氏によって検討されたもので、以下、黒田氏の重要な指摘に従いながら記載内容を再確認しておきたい。(15)

当初記された布施額には修正が入り、銭で計上された布施が布に計算し直されている。その基準は、布一端を支給する場合、経生（疏生）は書写三六張、校生は校正一二六〇張、装潢は造紙五〇四張としていた。この基準に合うよう実際の仕事量を調整し、端数を切り捨て、布を細分せずに支給できる数値になるよう苦心している。

布施申請解での数値操作

疏生のうち表2の8大鳥春人の場合を例にとり、c「疏本充経師校生帳」での充本記録を加えて、布施申請解での修正記述の方針を検討する。

表2　三疏の布施比較（疏生）

	疏　生	i 写経所全体 紙数（張）	i 写経所全体 布施銭（文）	d 大品疏 紙数（張）	d 大品疏 布施銭（文）	e 涅槃疏 紙数（張）	e 涅槃疏 布施銭（文）	g 花厳疏 紙数（張）	g 花厳疏 布施銭（文）
1	秦　在礒	51	357					51	357
2	阿刀宅足	295	2075			14	98	10	70
3	常世人足（赤染人足）	29	203					29	203
4	錦部人成	37	259					37	259
5	巨勢万呂	105	735					105	735
6	伊蘇志内万呂	173	1211			38	266	135	945
7	小治田人君	168	1176			132	924	36	252
8	大鳥春人	91	637			63	441	28	196
9	山下公足	145	1015	48	336				
10	三嶋子公	221	1281	44	308				
11	楢　広足	33	231	33	231				
12	坂上建万呂	35	245	35	245				
13	山部針間万呂	431	3017	38	266	70	490	42	294
14	飛鳥戸黒万呂	74	518						
15	大伴養万呂	208	1456					26	182
16	倭　人足	324	2240			76	532		
17	矢集小道（箭集男道）	173	1211					26	182
18	美努船長	126	882						
19	阿刀月足	292	2044			67	469	37	259
20	土師小東人	239	1673			77	539	43	301
21	穂積三立	80	560						
22	賀陽田主	15	105						
23	阿倍万呂	26	182						
24	小竹原乙万呂	80	560						
25	紀　国継	43	301						
26	日置養万呂	111	777						

27	鳥取国嶋	23	161						
28	辛鍛冶広浜	233	1631						
29	秦　椋主	152	1064			56	392		
30	久米熊鷹	326	2282	31	217	68	476	39	273
31	茨田兄万呂	661	4627					53	371
32	大友広国	420	2940			142	994		
33	若倭部益国	195	1365	31	217			47	329
34	若宮大淵	383	2681			80	560	89	623
35	上毛野秋上（田辺秋上）	199	1393	42	294				
36	台　万呂	175	1225			5	35	45	315
37	民長万呂	147	1029					35	245
38	山守馬人	144	1008						
39	小長谷金村	208	1456						
40	栗前久比万呂	109	763						
41	高向子祖父	62	444						
42	糸井市人	249	1743	40	280	120	840	89	623
43	忍坂友依	85	595						
44	川原竈門	62	434						
45	大友真高	46	322						
46	山口豊川	133	931						
47	阿刀足嶋	48	336						
48	上毛野伊賀万呂	36							
49	勇山八千石	75	525	35	245			40	280
50	間人道嶋	94	470						
				377張	2639文	1008張	7056文	1042張	7294文

c 充本帳

a 冊経義記一部 十五巻

（中略）

第四巻 大鳥春人 九月十七日 用六十三張 一校糸井 上九月卅日

（中略）

花厳経慧菀師疏一部

（中略）

第四巻 末 大鳥春人十月廿五日 用「廿」八帳 校忍坂友依 二校田マ乙成 上十一月六日

（後略）

e 涅槃疏の布施

大鳥春人 写紙六十三張 銭四百卌一文

g 花厳疏の布施

大鳥春人 写紙廿八張 銭百九十六文

i 全体での布施

「七十二」 「二端二丈二尺 余一」

大鳥春人　写紙九十一張「布二端余十九」　銭六百卅七文

大鳥春人は三疏のうち「涅槃疏」の第四巻・「花厳疏」の第四巻末の二巻の書写を担当した。充本帳（c）とそれぞれの布施申請（e・g）では写紙数が一致する。疏生の場合、紙一張の書写に対して銭七文を支払う基準なので、合計した写紙数九一張に対して布施額六三七文が計上された（i）。

ところがiでは、銭で計上された布施を布で支給するための操作を施し、傍らに朱で修正した数値が書き込まれてゆく。この修正について黒田洋子氏は、「布の端数の整数倍になるよう修正が加えられている」「布などの物品によって布施を支給する場合、布であれば一端という単位量以下の半端数の支給を厭い、そのために色々な操作を加える」と、数値操作の方針を読み解いている。[16] iの布施申請解では写紙三六張に対して布一端を充てる基準を採用する。そこで8大鳥春人でいえば、写紙の九十一張に合点をかけ、三六紙×2で「七十二」と朱で修正された紙数が右に書き加えられた。「布二端余十九」は、修正された写紙数七二張に対するもので、実際の写紙数との差額「余十九」を枠で囲んでいる。これを支給しようとした結果、二丈二尺までは算定したが、それでも一張分は「余」として残された。

校生・装潢の場合も表3からみておこう。ここでは校生の16若倭部益国を例にとる。

c「疏本充経師校生帳」で確認できる若倭部益国が担当した校紙は、「涅槃疏」巻第十一上の一校（三八張）・巻第十三の二校（六九張）、「花厳疏」の巻第十一本の一校（四五張）で合計一五二張である。ところが前述のように「涅槃疏」単独の布施申請解（e）では、複数人の校紙料を合成して「校紙五百九十五張　銭百十九文」と算定されていた。「花厳疏」単独の布施申請解（g）に至っては若倭部益国の名前がない。

表 3　三疏の布施比較（校生・装潢）

	校　生	i 写経所全体 紙数（張）	i 写経所全体 布施銭（文）	d 大品疏 紙数（張）	d 大品疏 布施銭（文）	e 涅槃疏 紙数（張）	e 涅槃疏 布施銭（文）	g 花厳疏 紙数（張）	g 花厳疏 布施銭（文）
1	村山首万呂	5680	776			281	56		
2	高橋乙万呂	2000	400						
3	犬甘木積	2100	420					705	141
4	若宮大淵	200	40						
5	上　馬甘	100	20						
6	若桜部梶取	200	40						
7	上毛野家継	240	48						
8	茨田孫足	100	20						
9	川原竈門	140	28						
10	忍坂友依	900	180	297	59	260	52	235	47
11	田部乙成	1800	360	457	91	880	176	565	113
12	呉金万呂	1800	360						
13	飽田石足	1000	200					573	115
14	長田浄浜	600	120						
15	小治田牧人	100	20						
16	若倭部益国	500	100			595	119		
				754張	150文	2016張	403文	2078張	416文

	装　潢	i 写経所全体 紙数（張）	i 写経所全体 布施銭（文）	d 大品疏 紙数（張）	d 大品疏 布施銭（文）	e 涅槃疏 紙数（張）	e 涅槃疏 布施銭（文）	g 花厳疏 紙数（張）	g 花厳疏 布施銭（文）
1	能登忍人	214	107						
2	秦　秋庭	322	161						
3	爪工五百足	250	125						
4	久米家足	1473	736	183	96	314	157	334	167
5	小治田人公	454	227						
6	丈部曽祢万呂	3568	1784			244	122	294	147
7	春日虫万呂	1072	536	194	97	152	76	426	213

8	秦　東人	376	188			53	26		
9	物部足国	252	126			252	126		
				377張	193文	1015張	507文	1054張	527文

そして写経所全般での布施申請であるi「造東寺司解案」では、さらに操作が加わって「校紙五百張　銭百文」となっている。校生一六人の布施銭のうち布への換算が試みられているのは四名のみで、修正は徹底していない。だがしかし、iに記載のある校生一六人の校紙料がすべて整数であるのは不自然で、実数を踏まえながら既に修正を施した後の数値と考えざるをえない。

いっぽう装潢の場合として、6丈部曽祢万呂を例にとる。彼の作業はe「涅槃疏」では二四四張、g「花厳疏」では二九四張の造紙とされていて、それぞれ二張の作業に対して一文の支給で計算されている。i「造東寺司解案」での丈部曽祢万呂の造紙は三五六八張、三疏以外の装潢作業も含んだ数値であろう。二張で一文の支払いなので、銭一貫七八四文と書かれていた。

そこに銭ではなく布で支給するための数値操作が加わり、造紙五〇四張につき布一端との基準に合わせた修正が施された。丈部曽祢万呂の場合、五〇四の倍数で実際の造紙数に近い三五二八張（七端分）と修正され、切り捨てられる分は「余卅」と注記された。布一端を支給するための基数が造紙五〇四張であるのは半端な数値であるが、これは4の倍数である。装潢の布施支給では準備（継・打・界）と仕上げ（装書）の四工程の作業量を合計して平均する四分一方式が定着していた。(17) 造紙五〇四張で布一端との基準は、一工程を一二六紙として算定したのかもしれない。

銭から布への修正操作

たとえ少額であっても仕事量に応じて対価を支給できる銭貨は、交換・決済の手段として便利である。布であれば、それを分割・細分すればするほど、布本来の価値を減じる（分割は容易であるが、合成は困難である）。尺・寸の布は交換財として歓迎されないであろう。加えて布は産地や長短、品質の面で微妙な価値差を生じたことが予測できる。

それに比べて和同開珎銅銭は1枚が一文で通用し、品質や規格の面を捨象したシンプルさが利点である。写経事業に対する対価支払いとして、小口の実績にも対応可能なのは銭貨であった。これは黒田氏の指摘のとおりで、布などの現物とは異なる銭貨の特性が発揮される。

それにも関わらず天平勝宝二年一二月には、いったん銭で計算されていた常疏・間疏の書写に対する支払いが布に計算し直された。これは第一には、写経所側が布施の全額を銭貨で用意できなかったという支払手段の問題である。

造東大寺司管下の写経所は指示を受けて写経事業を推進したのであって、物品と人員を擁して作業進行を管理していた。独自に財源を確保していたわけではない。したがって用度や布施は申請をして外部に支出を要請する。銭で請求した用度に対し調綿が納入されたため、綿を売却して写経事業の財源に充てた例はよく知られている。[18]布施についても、銭なのか布・絁であるのかは写経所の権限の外であるので、予定していた布施の支払手段が変更になることがあっただろう。i「造東寺司解案」はそのような実例である。[19]

そして第二には、交換財として布の存在感を逆に認識させる。あるていど銭貨が行き渡り、支払い手段として有効であった八世紀の段階であってさえ、交換財として布を用いることが、これほどまでに強固に定着していた。良弁宣による三疏の布施算定をめぐる複数の帳簿は、このことを示す稀有な実例ではなかろうか。

まとめ

良弁の宣による三件の章疏、特に慧苑述「花厳疏」（刊定記）の書写事業を検討してきた。「花厳疏」は『華厳経』講説を行った性泰・厳智が所持する本を借り出して写された取り合わせ本であり、その奉請先は法華寺であった。その後、法華寺の宝浄尼が慧苑述「花厳疏」を所持していたことが確認できる。

また複数の布施申請解案が残ることにより、写経所側での布施額修正の実態が明らかになった。実際の仕事量（正用の紙数）を修正して整数に改め、複数人で分担した実績を一人分に合成するなどの操作が施されてゆく。とりわけ当初は銭で計算していた布施を布に切り替えることになった結果、支給する布に端数が出ないよう数値操作に努めていた。そこから銭と布との交換財としての特性の違いが浮かんでくる。

課題として残るのは、「花厳疏」が吉蔵「大品疏」や法宝「涅槃疏」とともに書写された理由である。この組み合わせが指し示す仏教学上の意義は、稿者の能力では判断できないことを憾みとする。

ただこのたび検討した良弁の宣による三件の章疏をもとに、章疏の書写全体について大まかに述べるなら、「寺花厳疏」に続いて間写のなかに章疏が本格的に取り上げられたことは間違いなく、そのこと自体が五月一日経の書写対象が章疏に拡大した意味をとらえ直すことにつながる。常疏は、単にリストに従って仏典の複製が成ったために、まだない仏典の書写へと方針を転換したのではない。経論を中心とする仏典理解の深まりが注釈（章疏）を対象とした写経につながっていった。天平勝宝元年の三疏書写はその一例であった。

注

（1）五月一日経の書写については、皆川完一「光明皇后願経五月一日経の書写について」（『正倉院文書と古代中世史料の研究』、吉川弘文館、二〇一二年、一九六二年初出）、山下有美『正倉院文書と写経所の研究』（吉川弘文館、一九九九年）などを参照。

（2）菅野博史「『大品経玄意』の研究」（『印度学仏教学研究』六六－一、二〇一七年一二月）。

（3）『大般涅槃経疏』（朝鮮総督府、一九二四年）。師茂樹「法宝『大般涅槃経疏』逸文とその分析――済暹による引用文を中心に――」（『花園大学文学部研究紀要』三六、二〇〇四年三月）。

（4）李恵英『慧苑撰『続華厳略疏刊定記』の基礎的研究』（同朋舎、二〇〇〇年）。現存写本については、湊敏郎「華厳経刊定巻第十三」「華厳経刊定巻第五」（『奈良朝写経』、奈良国立博物館、一九八三年）、西山厚「続華厳略経疏刊定記　巻第九　乙本」（図録『東大寺のすべて』、奈良国立博物館、二〇〇二年）を参照。

（5）濱道孝尚「正倉院文書からみた僧良弁の実像」（栄原永遠男・佐藤信・吉川真司編『東大寺の新研究2　歴史のなかの東大寺』、法藏館、二〇一七年）。間写経について薗田香融「間写経研究」（『日本古代仏教の伝来と写経』、塙書房、二〇一六年、一九七四年初出）、個々の文書については、新井重行「正倉院文書写経機関関係文書編年目録――天平勝宝元年――」（『東京大学日本史学研究室紀要』七、二〇〇三年三月）、吉松大志「正倉院文書写経機関関係文書編年目録――天平勝宝二年――」（『東京大学日本史学研究室紀要』一四、二〇一〇年三月）を参照した。

（6）古代写経の製作工程は、栗原治夫「奈良朝写経の製作手順」（『日本古文書学論集』3、吉川弘文館、一九八八年、一九七二年初出）、栄原永遠男『正倉院文書入門』（角川選書、二〇一一年）などを参照。

（7）堀池春峰「華厳経講説よりみた良弁と審詳」（『南都仏教史の研究』上　東大寺篇、法藏館、一九八〇年、一九七三年初出）。

（8）森明彦「大伴若宮連大淵と天平二十年寺華厳疏」上・下（『和歌山市史研究』一四、一五、一九八六年三月、八七年三月）、宮﨑健司「東大寺の『華厳経』講説」（『日本古代の写経と社会』、塙書房、二〇〇六年、一九九八年、九九年初出)。
(9)北條朝彦「「書」印試論——正倉院文書に見える印影の一つとして——」(『正倉院文書研究』三、一九九五年一一月)。
(10)岩宮隆司「天平勝宝元年の大般若経書写について——写経作業と布施支給作業を中心に——」(『続日本紀研究』三四六、二〇〇三年一〇月)。中林隆之氏は『仁王経疏』の書写を孝謙天皇即位による一代一講と位置づける。中林隆之「日本古代の仁王会」(『日本古代国家の仏教編成』、塙書房、二〇〇七年、一九九九年初出)。
(11)森氏前掲注(8)論文。
(12)宮﨑氏前掲注(8)論文、栄原永遠男「写経から『華厳経』関連経典の普及を考える」(藤丸要編『華厳——無礙なる世界を生きる——』、自照社出版、二〇一六年)など。
(13)山田英雄「写経所の布施について」(『日本古代史攷』、岩波書店、一九八七年、一九六五年初出)、黒田洋子「八世紀における銭貨機能論」(『正倉院文書の一研究』、汲古書院、二〇二二年、一九八九年初出)、岩宮氏前掲注(10)論文。
(14)宮﨑健司氏は「寺花厳疏」三部で、同じ巻でありながら紙数が異なること、同じ巻が複数あること、第一巻に「六張注」があることを挙げ、天平二〇年段階で東大寺写経所が入手しえた「刊定記」がテキストとして未だ確定していない可能性を提起した(宮﨑氏前掲注(8)論文)。良弁宣での「花厳疏」でも「注十三枚」とあることから、同じ状況が想定できる。テキストが不安定であるのは、かえって唐土から最新の章疏がもたらされたからと評価できるだろう。
(15)黒田氏前掲注(13)論文。
(16)黒田氏前掲注(13)論文。
(17)大隅亜希子「装潢組織の展開と布施支給の変遷」(『正倉院文書研究』六、一九九九年一一月)。
(18)栄原永遠男「奉写大般若経所の写経事業と財政」(『奈良時代写経史研究』、塙書房、二〇〇三年、一九八〇年初出）、中川正和「奉写二部大般若経所の一考察――七六〇年代の写経事業――」（『七隈史学』三、二〇〇二年三月）など。

（19）吉川真司「常布と調庸制」（『律令体制史研究』、岩波書店、二〇二二年、一九八四年初出）、森明彦「布の一般的等価機能と織成形態」（『日本古代貨幣制度史の研究』、塙書房、二〇一六年、一九九二年初出稿を改訂、新稿の加筆）。

紫紙金字『金光明最勝王経』の製作にかかる一史料

野尻　忠

はじめに

天平十三年（七四一）二月十四日、聖武天皇は五畿七道諸国に国分寺の建立を命じた（国分寺建立詔。『続日本紀』天平十三年三月乙巳〈二十四日〉条など）。その詔の中で天皇は、各国に造立する七重塔には、自身が発願して製作する金字の『金光明最勝王経』を一部ずつ安置することを、併せて宣言した。すでによく知られているように、現在、高野山龍光院や奈良国立博物館などの諸機関に所蔵される、奈良時代書写の紫紙金字『金光明最勝王経』は、このとき聖武天皇の命によって作られ五畿七道の六十余国に頒布された金字の同経にあたる、と考えられている。

また、正倉院文書の中に、同金字経の製作過程に関わる史料が散見されることも、先学によって明らかにされている(1)。それによると、同金字経は、国分寺建立詔の後、遅くとも天平十五年正月までには書写が始まり、天平十八年十月頃には同経七十一部がほとんど完成していた。二年後の天平二十年に一部手直しがおこなわれたり、東大寺の阿弥陀堂に一時期保管されていたり、天平勝宝三年（七五一）以降に軸が付け替えられたりするなどして、実際に各国へ頒布された時期はもう少し降るようだが、金字の経文書写、校正、瑩（金字を磨く工程）、装丁といった作業は、あらかた天平十八年（七四六）十月までに終了していたと見て良い(2)。

さて、本稿は、同じく正倉院文書中にあり、これまでの研究では言及されていない一点の史料を取り上げ、これが同金字経の製作にかかわるものであることを示そうとするものである。難解な行論になるかもしれないが、しばらくお付き合いいただきたい。

一　金字経の製作にかかる作業記録

続々修正倉院古文書第二十六帙第十巻の第五紙の裏には、「金字経書写注文」と称される史料が収められる（『大日本古文書』編年文書第二十四巻八〇〜八一頁。以下、『大日本古文書』編年文書からの引用は、○巻と□頁を、○ノ□のように表記する）。まず釈文を掲げる（釈読にあたっては『大日本古文書』のほかに、東京大学史料編纂所の「正倉院文書マルチ支援データベース」を参照した。ただし、無数に書き込まれた合点は翻刻せず、原本では傍書されている文字を文中に差し挟んだりしている。また釈文中、□は欠損・摩滅等により読めない文字を示し、〈　〉内は細字双行を示し、■は文字が抹消されていることを示す。以下同）。

[史料1]　金字経書写注文　　▽続々修正倉院古文書第二十六帙第十巻　第五紙　裏

（紙継目）

［　　　　　］□□　五巻〈□十六〉　六巻〈用十七〉

浄三巻〈用十四〉〈五日〉祖八巻〈用十七〉　佐八巻〈用十七〉　忍九巻〈用十八〉　加九巻〈用十八〉　上四巻〈用十五〉

丈四巻〈用十五〉　祖六巻〈用十七〉　加六巻〈用十七〉　十巻〈用十七〉　十巻〈用十七〉　八巻幷百卌四
六日大三巻〈用十三〉　浄七巻〈用十五〉　上三巻〈用十四〉　又五巻〈用十六〉　浄四巻〈用十五〉　秦三巻〈用十四〉
用七十二
九日祖七巻〈用十六〉　浄七巻〈用十五〉　凡一巻〈用十六〉　大一巻〈用十六〉　上十巻〈用□一〉
八十四
忍十巻〈用十七〉　祖九巻〈用十七〉　忍六巻〈用十七〉　上六巻〈用十七〉　丸二巻〈用十六〉
大二巻〈用十六〉　五巻幷用八十三　丸廿一日三巻〈用十四〉　凡三巻〈用十四〉　大石四巻〈用十七〉
秦四巻〈用十七〉　九巻〈用十八〉凡　大石九巻〈用十八〉　廿二日浄八巻〈用十七〉　秦写八々〈用十七〉　山千十巻〈用十七〉
凡七巻〈用十六〉　秦七〈用十七〉　十巻〈用十七〉　加八巻〈用十七〉　同六巻〈用十七〉　田万呂写一巻
〈用十六〉　真写九巻〈用十八〉　廿九日加二巻〈用十■六〉　又九巻〈用十八〉　丸九巻〈用十八〉　上十巻〈用十七〉
丸二度八巻〈用十六〉　上三度三巻〈用十四〉　加〈初〉十巻〈用七〉　祖二度二巻〈用十□〉　又三巻〈用□□〉　合
六日瑩一巻〈用十六〉　十一日瑩二巻〈用十六〉　十二日瑩三巻〈用十四〉　十三日
九巻〈用十八〉　十七日七巻〈用十六〉　廿六日四巻〈用十五〉　廿七日五巻〈用十六〉　八巻〈用十七〉
廿八日六巻〈用十七〉　十巻〈用十六〉　廿九忍海写了二度六巻〈用十七〉　八月一日十巻〈用十七〉　四巻〈用十■五〉　八月二日
二巻瑩了〈用十七〉　一巻〈用十六〉　二■　四日七巻〈用十六〉　五〈用十六〉　五日九巻〈用十八〉　又
八巻〈用十六〉　十二日三巻〈用十四〉　忍海写了　更受（校カ）

（紙継目）

	〈1〉	〈2〉	〈3〉	〈4〉	〈5〉	〈6〉	〈7〉	
	−	−	9ノ75〜76	24ノ79〜80	24ノ80〜81	−	−	
	−		間写経目録	法華経最勝王経瑩紙注文	金字経書写注文	−		
【裏】	（空）	（空）	十一面経疏十八年二月廿八日 間写疏	十一月十八日校法華経… （年未詳）	浄五巻〈用十四〉… （年未詳）	（空）	（空）	（下略）
【表】	（空）	丸部 解深密疏 刑部 十八年潤九月廿六日	千手経廿一巻 十九年十二月十五日 大灌頂経 十九年十二月十五日 観世音経	十九年十二月十五日 花厳経 廿年四月一日	瑜伽菩薩地… 廿年四月十日 救護身命経 天平廿年七月十六日 仏説灌頂梵天神策経 八月十一日	校生八人	已上、百部最勝王経 天平廿年十月十三日	（下略）
	写疏校案		間経校帳			写経所解案		
	−	9ノ279	9ノ636	9ノ637	9ノ637〜638	10ノ439〜440	10ノ440	

図1　続々修正倉院古文書 第26帙 第10巻　構成模式図

この文書は、月日の記載は所々にあるものの、年代は書かれていない。紙背の二次利用面の状況（図1参照）から、天平二十年（七四八）四月十日以前のものと判断されるが、[3] 年代の上限は今のところ特定しがたい。『大日本古文書』では天平十年頃のものと推定して類収されるが、それほど強い根拠があるわけではなさそうなので、この推定はいったん忘れて良いだろう。[4]

書かれている内容については、次のように理解している。二行目の冒頭部分を例に説明しよう。「浄三巻〈用十四〉」とあるのは、十四枚の紙を継いで書写された仏典の三巻目を意味し、「浄」は同巻の筆写を担当した経師の名前の一字か、と考えている。「三巻」とは、巻子三点という意味ではなく、ある仏典の「巻第三」を意味するのだろう。[5] 二行目の続きの「〈五日〉祖八巻〈用十七〉」は、冒頭の「五日」はこの史料が記録しようとしている写経の工程が実施された日付であり、後述するように、おそらく六月五日であろう。そして「祖」は経師の名前、「八巻」は巻第八、「用十七」は紙十七枚で巻子を成していたことを示している。四行目の冒頭からが「六日」（六月六日か）、六行目から「九日」（六月九日か）、少し飛んで九行目の中程から「廿一日」（六月二十一日）となる。しばらく同形式での記載が続くが、十三行目からは「初」「二度」「三度」などの記載が加わり、これらは校正の回数を示すものと思われるが、詳しくは後述する。

本稿で経師の名前と推定する文字は、中には二字や三字のものがある。たとえば、九行目の「大石」、十行目の「山千」、十一行目の「田万呂」などで、「大石」は氏であろうし、「田万呂」は下の名であろう。「山千」は、正倉院文書に頻出する「山辺千足」の略称のようにも見える。さらには十行目の「秦写」、十六行目の「忍海写了」のように、名前に続いて書写を意味する文言が付くものがあり、本稿では、これらの人名らしき文字を、筆写を担当した経師名の一部と推定したい。

さて、十四行目からは記載内容が若干変わる。たとえば冒頭の「六日瑩一巻〈用十六〉」は、六日（七月六日か）に、紙十六枚が継がれた巻第一の金字を磨いた、の意味であろう。「瑩」は、書写と校正の終わった金字経の文字を磨く工程で[6]、この作業は校生が兼務する。この「瑩」の記載があることによって、史料1が記録する写経事業には金字経が含まれていたことがわかる。ところで、この十四行目の記載が十三行目以前と大きく違うのは、経師と思われる一字名が書かれていないことである。つまり、「瑩」の作業時には経師名の情報が不要ということであり、逆に言えば、十三行目以前の記載には経師名が必要だったのであるが、この点も後述する（ちなみに、十三行目以前にも一字名の付されていない記載が数箇所あって、これも瑩の作業であったと推測できる）。

十五行目以降は「瑩」の文字が書かれなくなるものの、経師名が無いことからすると、基本的には瑩の作業記録と思われる。例外は、十六行目の「廿九忍海写了二度六巻〈用十七〉」と、十八行目の「十二日三巻〈用十四〉忍海写了　更受（校カ）」の記載であり、この二つは経師名が存するので瑩ではない別の作業であろう。そして、十八行目末尾の二文字は、『大日本古文書』では「更受」と翻刻されているが、マイクロ写真では「更校」と読めなくもなく、とすると、これは校正の記録である可能性が浮上する。十三行目の「初」「二度」「三度」の記載、十六行目の「二度」の記載も考え合わせれば、「更校」は二度目の校正を意味しており、さらに言えば、史料1は、全体が写経の校正と瑩の工程を記録したものと考えられるのではなかろうか。また、瑩の記録には経師名が記されない一方、校正記録に（一字の略名だが）経師名が記された理由としては、校正によって文字の誤脱を発見したとき、もとの経師に戻して書き直してもらうのが原則だったからではないかと推定されるのである。[7][8][9]

ここまで所々に出てきた日付の記載については、十六行目には「八月一日」、「八月二日」という月次を明示した記述があるので、これ以降、十七行目の「四日」と「五日」、および十八行目の「十二日」は、いずれも八月のものであろう。とすると、十六行目より前の日付は、そこから遡って考えれば良いかと思われ、十四行目の「六日」からが七月の記載、十三行目以前が六月（五〜二十九日）の記載である、と、ここでは捉えておきたい。

ところで、文中の一部に、巻ごとの校正や瑩の記録とは若干性質の異なる記述がある。具体的には三行目下方の「八巻并百卌四」、五行目の「用七十二」、七行目の「八十四」、九行目の「五巻并用八十三」の四箇所である。三行目の「八巻并百卌四」は、前行の「五日祖八巻〈用十七〉」以降に記される十巻のうち、一字名がなく瑩の作業記録と思われる二巻を除いた校正対象の八巻と、その合計紙数の百三十四枚を意味している。九行目の「五巻并用八十三」も、その直前に記載の五巻分を数えると、紙数が八十三枚になる。したがって、これらは校正紙数の途中集計として記されたものと考えられる。ただし、五行目「用七十二」と七行目「八十四」に関しては、何日に校正した何巻の紙数を積算したものなのか、様々なまとまりのパターンを考えてみたが、結局よくわからなかった。

ここまで、史料の細かい部分まで踏み込んで読解を試みてきた。今のところ、以上が、史料1「金字経書写注文」の記載内容に関する私なりの理解である。次節以降では、これが金字写経の校正記録である、との仮説に立ち、周辺史料を交えて検討を進めていく。

二　製作された仏典

前項での検討結果に基づいて、史料1の「金字経書写注文」の記載内容を一覧表にまとめた（表1）。すでにお気付きのとおり、本史料には（校正対象の）仏典名が記されておらず、このため仏典の種類を識別する必要のある一切経のような事業ではなく、個別（単一）仏典の製作事業にかかる記録と推定され、巻次が巻第一から巻第十までしか確認できないことから、その仏典は十巻構成であったと考えられる。表1では、巻次（一〜十）ごとに紙の枚数を記したが、多い巻で十回（巻第九）、少ない巻でも四回（巻第五）、この期間（六月五日以前〜八月十二日）に作業（校または瑩）の対象となっており、かつ同一の巻次にはほぼ同枚数の紙が使われていることが読み取れる。たとえば巻第一は表中に五回登場するが、どの巻第一でも紙は十六枚であり、巻第三（九回登場）は一箇所だけ十三枚があるものの他の八箇所は十四枚で揃っている。よって、史料1が記録する写経事業は、同一経典の巻第一〜十を何部も製作するものであったと判断することができる。

十巻構成の仏典というと、思い付くだけでも『悲華経』や『宝星陀羅尼経』、それに『地蔵十輪経』、『大方等大集経菩薩念仏三昧分』、『華手経』、『優婆塞戒経』、『菩薩地持経』等々を挙げることができるが、奈良時代の天平年

表１　「金字経書写注文」（史料１）の記載内容

	名前	巻次（巻第一～十）ごとの紙数（算用数字）										特記	仕事	月	日
		一	二	三	四	五	六	七	八	九	十		＊	＊	＊
1	－					16							？	6	
2	－						17						？	6	
3	浄			14									校	6	
4	祖								17				校	6	
5	佐								17				校	6	5
6	忍									18			校	6	5
7	加									18			校	6	5
8	上				15								校	6	5
9	丈				15								校	6	5
10	祖						17						校	6	5
11	加						17						校	6	5
12	－										17		瑩	6	5
13	－										17		瑩	6	5
14	大			13									校	6	6
15	浄							15					校	6	6
16	上			14									校	6	6
17	上					16							校	6	6
18	浄				15								校	6	6
19	秦			14									校	6	6
20	祖							16					校	6	9
21	浄							15					校	6	9
22	凡	16											校	6	9
23	大	16											校	6	9
24	上										□		校	6	9
25	忍										17		校	6	9
26	祖									17			校	6	9？
27	忍						17						校	6	9？
28	上						17						校	6	9？
29	丸		16										校	6	9？
30	大		16										校	6	9？
31	丸			14									校	6	21
32	凡			14									校	6	21
33	大石				17								校	6	21
34	秦				17								校	6	21
35	凡									18			校	6	21
36	大石									18			校	6	21
37	浄								17				校	6	22
38	秦								17			写	校	6	22
39	山千										17		校	6	22
40	凡							16					校	6	22
41	秦							17					校	6	22
42	－										17		瑩	6	22
43	加								17				校	6	22
44	加						17						校	6	22

45	田万呂	16										写	校	6	22
46	真									18		写	校	6	22
47	加		16										校	6	29
48	加									18			校	6	29
49	丸									18			校	6	29
50	上										17		校	6	29
51	丸								16			二度	校	6	29
52	上			14								三度	校	6	29
53	加										7?	初	校	6	29
54	祖		□									二度	校	6	29
55	祖			□									校	6	29
56		16										瑩	瑩	7	6
57			16									瑩	瑩	7	11
58				14								瑩	瑩	7	12
59										18			瑩	7	13
60								16					瑩	7	17
61					15								瑩	7	26
62						16							瑩	7	27
63									17				瑩	7	27
64							17						瑩	7	28
65											16		瑩	7	28
66	忍海						17					写了,二度	校	7	29
67											17		瑩	8	1
68					15								瑩	8	1
69			17									瑩了	瑩	8	2
70		16											瑩	8	2
71								16					瑩	8	4
72						16							瑩	8	4
73										18			瑩	8	5
74									16				瑩	8	5
75	忍海			14								写了,更校	校	8	12

		巻第一	巻第二	巻第三	巻第四	巻第五	巻第六	巻第七	巻第八	巻第九	巻第十				
(平均紙数)		16	16.2	13.9	15.6	16	17	15.9	16.8	17.9	16.9				

＊ 表中、「仕事」「月」「日」欄については、本文にも記したとおり、推定を多く含む。

間に、官営の写経所で、同時に何部もが製作されるとしたら、最も可能性が高いのは『金光明最勝王経』ではないかと思われる。

『金光明最勝王経』は唐の義浄によって長安三年（七〇三）に漢訳された経典で、奈良時代初めにわが国にもたらされると、護国経典として重視され、早くも神亀二年（七二五）には転読の対象となり（『続日本紀』同年七月戊戌〈十七日〉条）、同五年にはそれまで流布していた旧訳の『金光明経』（四巻本または八巻本）に代えて、十巻本『金光明最勝王経』の写本が諸国に頒下され、国家の平安を祈って転読がおこなわれた（同書神亀五年十二月己丑〈二十八日〉条）。そして、聖武天皇による国分寺の建立にあたっては、同経がその所依経典とされた。奈良時代に書写された『金光明最勝王経』の遺品として、本稿冒頭で触れた紫紙金字経（通称「国分寺経」）のほかにも、たとえば天平宝字六年（七六二）に百済豊虫が発願して書写させた一具（西大寺所蔵。国宝）[10]などが知られる。

表1の最下段に、史料1に記された仏典各巻の紙数の平均値を記したが、これによると、この仏典は紙数の多い順に、巻第九＞六＞十＞八＞二＞一＝五＞七＞四＞三、であった。いま試みに、先述した天平宝字六年の百済豊虫願経の各巻の紙数を多い順に示すと[11]、六・九・十は十六枚、一・二・五・七・八は十五枚、四は十四枚、三は十三枚となる。巻第六・九・十の紙数が多く、少ないほうから二番目が巻第四、最少は巻第三という並びは、史料1の仏典と同じである。写経に使われる紙の枚数は、当然のことながら経文の長さに規定されるものであるから、次に行数で見てみよう。『大正新修大蔵経』第十六巻（経集部三）に基づいて、『金光明最勝王経』の各巻の行数を数えたところ、若干の順序の入れ替わりはあるものの、巻第九の行数が最多で、巻第四が少ない方から二番目、巻第三が最少という点は、百済豊虫願経の紙数比較の結果と同じであった。

以上の検証の結果、経文の長さ、および、それに規定される紙の枚数という観点から、史料1「金字経書写注文」で校正の対象となった十巻構成の仏典は、『金光明最勝王経』と見て間違いないと考えるものである。

三　校生による個人的なメモ

第一節において、史料1を写経の校正と瑩に関する記録と推定したが、これと似た内容の校正記録は、正倉院文書中にいくつか見出すことができる。

続修正倉院古文書別集第四十八巻に収める「常疏校帳」(『大日本古文書』八ノ五一二〜三)[12]は、天平十六年(七四四)十月二十七日から十七年正月二十九日までの常疏にかかる校正記録で[13]、その一部を記せば、

[史料2]常疏校帳　▽続修正倉院古文書別集第四十八巻　裏　断簡⑤(第六〜七紙)

(前略)

十月廿七日始校一切経要集布施門第六〈用廿八〉　一切経要集巻第九〈用廿八〉　一切経要集廿八巻〈用卅二〉

廿八日一切経要集巻第四〈用卅四〉　成実義章十九巻〈用廿一〉　一切経要集第五〈用卅一〉　一切経要集第八巻

〈用卅七〉　廿九日順正理論述文記第九〈卌一〉　卅日要集経初帙第三巻〈用卅一〉　順正論六巻〈用卌一〉　要

集第十六〈用卅四〉　一切経要集第三帙二巻〈卅一〉　十一月一日一切経要集第十四〈用卅〉

(中略)

(十二月)十三日入楞伽第六巻〈六十二〉〈天平十六年巳上給了、十二月廿三日〉

(下略)

となり、まず日付があって、次に仏典名、巻次、そして「用〇〇」として紙数を記す形になっている。史料1「金

字経書写注文」のような一字の名前はなく、校正回数を示す記述もないが、日付を追って仏典名と紙の枚数を記す点は類似する。また、巻次を「巻第□□」のような正式な形ではなく、「□□巻」のように記すものが多くみられる点も注意される。

同じ天平十六年冬頃の常疏の校正記録として、史料2とは別に続々修正倉院古文書第二十六帙第三巻の「常疏校帳」(天平十五年十二月〜十七年五月。『大日本古文書』八ノ三七九〜三八九)があって、両者の関係が次に問題となる。後者の天平十六年十月から十二月頃の記載を見ると、史料2に記されているよりも、はるかに多くの種類の仏典、多くの紙数が校正されている一方、両者で共通する仏典名・巻次もある。その他の同時期の関連史料を考えあわせれば、後者の校帳が常疏全体の校正記録で、前者(史料2)は校正記録の一部分、具体的には校生一人分を記したものと見て良さそうである。そして、その校生一人とは、田辺道主ではないかと思われる。

具体的に見てみよう。史料2で十月二十七日に校正されている『一切経要集』巻第九(用二十八)は、後者の校帳によると(十月三十日)、初校を檜前万呂が担当し、再校を「道主」(前後の記述からすると田辺道主のことであろう)が担当したことがわかる。史料2で十月二十八日に記される『成実義章』巻第十九(用二十一)も、後者の校帳によると初校が「万呂」(檜前万呂だろう)で、もう一回の校正が「道主」であった。また、この時期の常疏では『花厳論』の書写が進んでいて、後者の校帳に校正記録が数多く残るが、九月以降に『花厳論』に関わっている校生は檜前万呂、田辺正成、寸主(村主)五百国、石村鷹万呂であり、田辺道主は『花厳論』の校正を一切担当していない。そして、史料2を通覧しても『花厳論』は全く登場しない。同様に、後者の校帳によると『律摂』の校正に田辺道主は関わっていないが、史料2にも『律摂』は登場しない。逆に、後者の校帳によると田辺道主は『能断般若経疏』の巻上・巻下の二巻(計七十六紙)ともに、初校と再校の両方を担当しているが(十二月八日)、同経疏は史料2には十一月十五日に巻下（用三十二）、十九日に巻下（用三十二）、二十一日に巻上（用四十四）、同日にもう一度巻上（用四十四）と、各巻が二回ずつ記されており、また紙の合計枚数も後者の校帳と一致する。それ以外の仏典についても二つの校帳を対照してみたが、史料2には、田辺道主以外の校生が確実に関わったと言える仏典は一つも見出せなかった。よって、史料2は田辺道主の常疏にかかる校正記録と見て良いのではないだろうか。[14]

次に、もう一例を挙げよう。史料2と同じ続修正倉院古文書別集第四十八巻裏に収める「先写一切経校帳」（『大日本古文書』二十四ノ三五四～五）[15]は、天平十八年三月二十一日から始まって同月二十九日までの校正記録を主体に、四月二十七日までの校正状況を記すもので、抹消や修正、さらに合点が、多く書き入れられている（以下の翻刻では合点を省略し、また異体字等は通用字等に改めた）。

［史料3］先写一切経校帳　▽続修正倉院古文書別集第四十八巻　裏　断簡⑥（第八～九紙）

　始天平十八年三月廿一日校
三月廿一日校波羅蜜経一巻〈十七枚〉　二巻〈廿二枚〉　三巻〈十八枚〉　廿二日校四巻〈廿一枚〉　五巻〈十九
枚、柞井経師、以上一校秦息島〉　大品般若三帙廿一巻〈十八枚〉　廿二巻〈十八枚〉　廿三巻〈十六枚〉　廿四
巻〈十五枚〉　廿三日校廿五巻〈十八枚〉　廿六巻〈十五枚、漢経師、以上一校秦息島〉　光讃般若一帙第二巻
〈廿九枚〉　廿四日六巻〈廿八枚〉　四巻〈廿三枚〉　八巻〈十八枚、坂上、以上一校粟田〉

（下略）

冒頭から見ていくと、三月二十一日に「波羅蜜経」（『大品般若経』のことだろう）の巻第一～三の三巻を校正し、翌二十二日には巻第四・五を校正した後、『大品般若経』巻第二十一～二十四の四巻を校正した、という構成である。巻第五の記載の下に紙の枚数に続けて「柞井経師、以上一校秦息島」とあるのは、巻第五だけでなく、そこま

でに記された巻第一〜五の五巻分にかかる内容で、この五巻の筆写を担当した経師が柞井（馬養）であり、初校を担当したのが秦息島であったことを示すのだろう。同じように、二十三日の「廿六巻」の下にある「漢経師、以上一校秦息島」は、『大品般若経』巻第二十一〜二十六の筆写を担当したのが漢（浄万呂）で、初校が秦息島、の意である。続く「光讃般若」の巻第二・六・四・八の四巻は、筆写した経師が坂上（武麻呂）で、初校が粟田（船守）である。以下省略した部分も、ほぼ同じ書式で記載が続く。

このように、日毎に校正した仏典名と巻次、それに紙の枚数を記していくのは、史料2の校帳と共通する書式で、加えて筆写担当の経師名を入れるのは、本稿で主題とする史料1と同じである。史料3は、初校を担当した校生名も記している点が史料1とは異なるが、巻次の表記を「巻第〇」のような正式な形ではなく、「〇巻」のように書くのは、史料1および史料2と共通の特徴である。

そして、この史料3に記された校正記録のうち三月分については、続々修正倉院古文書第一帙第六巻（断簡①、第三紙）に収める天平十八年四月一日付「下道主解案」（『大日本古文書』九ノ一六九）に記された仏典名、巻次、紙数などと、非常によく一致する。「下道主解案」は、校生の下道主が、先写事業において三月中に校正を担当した仏典名と紙数を報告する文書（の案）であり[16]、とすれば、史料3の校正記録は、下道主の一人分と見て良いだろう。

以上により、写経事業の中で、校生一人分の校正記録が作られることがあったことは、実例になっていることから確かめられた。史料3については、これがその後、下道主の個人名で提出する解（手実か）の作成材料になっていることからすると、下道主の個人的なメモであったと考えられる。写経所全体としては、一通の校帳があれば各人の労務管理はできるはずで、校生一人分ずつの独立した校正記録まで作成するとは想定しにくい。

その前提で、史料2に戻って考えると、先にこれを田辺道主の天平十六年九〜十二月における校正記録と推定したが、これも個人的なメモであろう。そして、史料2から一年半程度しか経ていない天平十八年三月に、それとよく似た書式の記録である史料3が作成されていることからすると、実はこれらは同一人による作成であり、それは下道主の手になると考えられないだろうか。[17] さらには、田辺道主という校生は、実は下道主と同一人物ではないか。

田辺道主は、天平十四年九月頃から校生として活動し、先に史料2に基づいて述べたように、天平十六年冬季には常疏の校正に深く関わっていた。同年十二月十八日には、この時期に常疏に携わったすべての経師、校生、装潢に対する布施を申請する解が写疏所で作成されている（『大日本古文書』八ノ五一五）。しかし、この天平十六年十二月十八日付の布施申請解には、「田辺道主」の名が無い。校帳には仕事の痕跡を多く残しているのに、布施が申請されないのは不審である。布施申請解には、同じ「道主」を下の名に持つ校生として、「下村主道主」が見える。管見の限り、これが下道主の確実な初見史料である。[18] 以上から、この天平十六年末の時点で、田辺道主はその姓を「下」に変えたものと推測する。[19]

さて、ここで史料1に戻ろう。史料2と史料3がともに校生一人分の校正記録と推定できるとすると、それと似た書式を持つ史料1も、校生一人分の校正と瑩の作業を記録したものである可能性が出てくる。史料2の引用部分によると、十月二十七日には三巻計八十八枚が校正され、二十八日には四巻計百二十三枚が校正された。十月三十日は四巻計百三十七枚で、これが一日あたりの校正紙数としては史料2全体の中で最も多い。一方、史料1を見ると、六月五日は八巻で百三十四枚を校正し（第一節でも触れた）、六日は六巻で八十七枚、九日はやや問題がある（記載のままだと十一巻、百七十枚以上となり、他の日に比し突出して多い）ので考察から外し、六月二十一日は六巻で九十八枚、六月二十二日は九巻で百五十二枚となる。六月二十九日は、欠失して読めない数字が多いが、巻数としては九巻である。以上、史料1から読み取れる一日あたりの校正紙数は八十七〜百五十二枚となる。サンプルが少なく、単純には比較できないかもしれないが、史料2から読み取った最大百三十七枚という校正紙数と、大きな違いはないのではないか。つまり、史料1も、校生一人分の記録と考えて良いのではないだろうか。

また、史料1の作成年代は今のところ天平二十年四月十日（紙背利用）以前としかわからないが、これは史料2や史料3と近接する時期であるとは言える。やはり、これも、下道主の手になる校正と瑩の記録である可能性が高いのではないか。

そして、下道主は天平十八年十月十七日の写金字経所解案（『大日本古文書』九ノ二九七）に名があり、聖武天皇の国分寺建立詔に基づく紫紙金字『金光明最勝王経』（通称「国分寺経」）の製作にも、校生・瑩生として参加したことがわかっている。史料1が下道主の手になるものだとしたら、ここに記された校正と瑩の記録も、国分寺経の製作に関わるものである可能性が出てくるが、この点については節を改めて検討したい。

四　奈良国立博物館所蔵　紫紙金字『金光明最勝王経』の書誌

前節の最後に、史料1「金字経書写注文」が、現存する紫紙金字『金光明最勝王経』の製作にかかわる史料である可能性を指摘した。これを確かめるため、現存遺品の書誌を確認しておきたい。表2は、奈良国立博物館所蔵の紫紙金字『金光明最勝王経』（国宝）十巻の各巻の紙数、紙ごとの法量や行数を一覧にしたものである。[20]

表2で特に注目したいのは、最下段に記した各巻の本紙枚数である。第二節で述べたように、『金光明最勝王経』は巻第九が最も多くの紙数を要し、巻第三が最も少ないという傾向があるが、本表においてもそれは一目瞭然である。そして、単に相対的な巻の長短だけでなく、この本紙枚数を前掲表1の最下段に掲げた史料1における各巻の

平均紙数と対照してみれば、両者の数値はよく一致していることが了解される。具体的には、巻第一は十六枚で完全に一致。巻第二は、表2によると文字は十六枚で収まったが軸付けの要からごく短い十七枚目を加えており、表1の十六・二という平均枚数とよく合う。巻第三は、十三枚でほぼ収まったが、やや短い十四枚目が足されており、表1の平均枚数十三・九と合う。以下は詳述しないが、巻第四の平均枚数十五・六が若干長めなのと、巻第七の平均枚数十五・九が若干短めなのが気になる程度で[21]、それも大きく外れるものではなく、またそれ以外は、巻第五と巻第六の数値の完全一致を含め、非常によく合致すると言える。

やはり史料1は、現存する紫紙金字『金光明最勝王経』（国分寺経）の製作に直接関連する史料であると考えて、間違いないのではないだろうか。

五　年代推定と経師名の比定

第三節において、本稿で主題とする史料1は、史料2や史料3と同じく、下道主が自身の校正（または瑩）した紙の枚数等を書き記したメモである、と推定した。それぞれの史料は、日付に続けて仏典名、巻次、紙数を記す点では共通するが、天平十六年（七四四）十月開始の史料2が上記の基本情報しか記さないのに対し、天平十八年三月開始の史料3は、筆写した経師名と初校の校生名も記している。史料1は、その中間的な存在で、経師は略名で記すものの初校の校生名は記さない。ただし、期間の途中からは校正回数を書く方針に変更している。書式の整い具合の観点からすると、史料2→史料1→史料3の順に、書類作成のスキルが向上しているように見える。このスキルアップ論法が認められるとすると、史料1の作成時期としては、天平十七年の六月から八月が、最も有力な候

	巻第六		巻第七		巻第八		巻第九		巻第十	
表紙横	18.1 cm		17.7 cm		17.6 cm		17.8 cm		17.6 cm	
本紙縦	26.2 cm		26.4 cm		26.4 cm		26.3 cm		26.4 cm	
本紙長	841.4 cm		782.1 cm		818.6 cm		857.3 cm		838.8 cm	
各紙横	法量(cm)	行数	法量(cm)	行数	法量(cm)	行数	法量(cm)	行数	法量(cm)	行数
第1紙	47.4	24	47.8	24	47.5	24	47.2	25	47.9	24
第2紙	50.2	26	50.1	26	49.8	26	49.4	26	50.2	26
第3紙	49.9	26	50.2	26	50.4	26	49.9	26	50.7	26
第4紙	50.0	26	50.1	26	50.0	26	49.9	26	50.1	27
第5紙	50.1	26	50.2	26	50.4	26	49.8	26	50.4	26
第6紙	50.0	26	50.1	26	49.8	26	49.9	26	50.1	26
第7紙	50.2	26	50.0	26	49.8	26	49.8	26	50.1	26
第8紙	49.7	26	50.1	26	49.8	26	49.9	26	50.2	28
第9紙	49.8	26	50.1	26	49.8	26	49.8	26	50.5	26
第10紙	49.8	26	50.0	26	49.9	26	49.9	26	50.3	26
第11紙	50.1	26	47.4	25	50.3	26	49.9	26	50.0	26
第12紙	50.4	26	49.7	26	50.2	26	49.7	26	50.2	26
第13紙	49.7	26	49.6	26	50.1	26	49.6	26	50.2	26
第14紙	49.7	26	49.8	26	50.2	26	49.7	26	50.3	26
第15紙	49.7	26	49.9	26	50.2	26	49.8	26	50.0	26
第16紙	49.8	26	37.0	19	50.0	26	50.0	26	50.4	26
第17紙	44.9	23	—	—	20.4	9	47.7	25	37.2	18
第18紙	—	—	—	—	—	—	15.4	7	—	—
本紙の枚数	17 枚		16 枚		17 枚		18 枚		17 枚	

・法量の後に※を付した各巻最終紙は、界線のみ引かれ文字のないことを意味する。
・行数欄の数は、文字のない空行を含むが、巻頭および巻末の不完全な1行は数えない。

補になるのではないか。

その検討を進めるために、ここで少し視点を変え、史料1において経師名と推定した一字（ときに二〜三字）名について考えてみたい。一字名は十六種類ある。

紫紙金字『金光明最勝王経』（国分寺経）製作の事業に関する史料で、筆写担当の経師名がわかるものとしては、第三節でも触れた天平十八年十月十七日付「写金字経所解案」があり、十八人の経師の名が列記されている。これは同経を全部で七十一部つくる事業のうち、最後の十八部を製作した際の布施申請解であるが、そこから史料1の一字名に該当しそうな者を抽出してみた（表3の左列）。結果は、残念ながら、六人程度しか

表2　奈良国立博物館所蔵　紫紙金字『金光明最勝王経』（国宝）法量・紙数・行数一覧

	巻第一		巻第二		巻第三		巻第四		巻第五	
表紙横	17.6 cm		17.6 cm		18.0 cm		18.1 cm		18.0 cm	
本紙縦	26.4 cm		26.4 cm		26.3 cm		26.4 cm		26.2 cm	
本紙長	761.0 cm		798.0 cm		653.7 cm		711.1 cm		785.6 cm	
各紙横	法量（cm）	行数	法量（cm）	行数	法量（cm）	行数	法量（cm）	行数	法量（cm）	行数
第1紙	47.3	25	48.0	24	48.0	24	47.5	24	47.9	24
第2紙	50.0	27	50.3	26	50.2	26	49.7	26	49.9	26
第3紙	49.4	27	50.0	26	50.1	26	49.5	26	49.5	26
第4紙	50.0	27	49.8	26	49.8	26	49.7	26	49.8	26
第5紙	49.6	27	50.0	26	49.7	26	50.0	26	49.7	26
第6紙	49.7	27	49.9	26	49.7	26	49.8	26	50.0	26
第7紙	49.7	27	50.0	26	50.3	26	49.6	26	49.7	26
第8紙	49.6	27	49.2	26	50.0	26	49.7	26	49.4	26
第9紙	49.6	27	49.5	26	50.1	26	49.3	26	49.9	26
第10紙	49.5	27	49.4	26	49.6	26	49.4	26	47.6	25
第11紙	49.6	27	49.8	26	49.5	26	49.3	26	48.4	25
第12紙	49.7	27	49.2	26	49.5	26	49.4	26	50.0	26
第13紙	49.6	27	49.4	26	49.2	26	49.4	26	50.2	26
第14紙	49.6	27	49.3	26	8.0	3	49.8	26	50.1	26
第15紙	49.5	27	49.2	26	—	—	19.0	9	50.1	26
第16紙	18.6※	9	48.9	26	—	—	—	—	43.4	22
第17紙	—	—	6.1※	見えず	—	—	—	—	—	—
第18紙	—	—	—	—	—	—	—	—	—	—
本紙の枚数	16 枚		17 枚		14 枚		15 枚		16 枚	

該当する経師を見出すことができなかった。そこで対象を広く取り、先に史料1の年代として推定した天平十七年の正月から、同十八年九月までを範囲とし、この間に写経所での活動が認められる経師全員の中から、一字名に合致しそうな人物をピックアップしてみたところ（表3の中列）、ほとんどを比定することができた。[22]

それでもなお該当者を見つけられない一字名はあるものの、中には金字『金光明最勝王経』にしか携わらなかった経師がいた可能性も考えると、十六字のうち十四字まで人物比定できたということは、この事業が正倉院文書を伝えた写経所で実施されたことを示しており、史料1の作成年代も、天平十七年と推定して良いのではないかと考える。

表3　一字名と経師の比定案

史料1 一字名	天平18.10.17 写金字経所解	天平17. 正〜天平18.9 候補者	備考
浄		漢浄万呂	
祖	大鳥祖足	大鳥祖足	
佐		弓削佐比止	
忍 *1		忍坂成万呂	
加		加良佐土万呂	
上		?	上来金太 *2
丈		丈部子虫	
大		錦部大名	
秦		秦乙万呂 or 秦家主	
凡		凡河内土持	
丸	丸部島守	丸部島守 or 丸部石敷	
大石		大石広万呂	
山千	山辺千足	山辺千足	
田万呂	宍人御田万呂	宍人御田万呂	
真		?	君子部真吉（校生）*3
忍海	忍海新次 or 忍海広次	忍海新次 or 忍海広次	

*1 「忍」は、忍海新次 or 忍海広次の可能性もある。
*2 「上来金太」は、天平15年後半期と、18年末に活動が見られる。
*3 「真」字に該当しそうな経師は近い時期に見出せない。
天平15年に活動実績のある校生「君子部真吉」は可能性があるか。

おわりに

以上、本稿では、これまでの研究では注目されていなかった一点の史料を取り上げ、これが国分寺の七重塔に納められた金字の『金光明最勝王経』の製作にかかわる内容を持ち、同経の校正と瑩を担当した一人の校生（下道主）が残したメモであることを示した。

行論がわかりにくかったことを懼れ、改めて本稿の要点を以下にまとめておきたい。

・続々修正倉院古文書第二十六帙第十巻に収める「金字経書写注文」（史料1）は、金字『金光明最勝王経』の書写事業に関連し、同経の校正と瑩を分担した校生の一人である下道主が、天平十七年（七四五）六月から八月にかけて、自ら担当した巻次や紙数を記録したメモである。

・奈良国立博物館が所蔵する奈良時代書写の紫紙金

字『金光明最勝王経』は、右の校正記録に記された各巻の紙数等とよく一致し、この金字写経事業で製作されたものと考えられる。この紫紙金字『金光明最勝王経』は、先行研究により、聖武天皇の命で諸国国分寺の七重塔に安置された金字『金光明最勝王経』の現存遺品とされており、史料1が伝えるのも、この紫紙金字経を製作する事業であると推定される。

・正倉院文書中には、史料1のような校生一人分の校正作業をメモした史料が、他にも存する。続修正倉院古文書別集第四十八巻裏に収める天平十六年「常疏校帳」（史料2）と天平十八年「先写一切経校帳」（史料3）の二通もそれにあたるが、これらはともに下道主が書き記した自身の校正記録である。そして、これら校正記録の紙背に記された様々な文書（文献）も、下道主が書いたものと考えて良い。

本稿での検討を経て、紫紙金字『金光明最勝王経』の製作にかかわる史料が一つ追加された。これを受け、次の段階としては、同経の書写事業の全体を見通した研究が求められる。また、正倉院文書を丹念に見ていけば、今後、新たな史料を見出すことが可能なようにも思われる。現存遺品の調査も、奈良国立博物館だけでなく、他機関へと拡げていく必要があるだろう。(23) これらを残された課題と認識し、拙い本稿を終えることとする。

注

（1）ある程度まとまった研究として、以下を挙げる。井上薫『奈良朝仏教史の研究』（吉川弘文館、一九六六年）第三章第三節（一六二～一六五頁）。西山厚「国分寺経とその周辺」（週刊朝日百科『皇室の名宝05　文書と経巻』、朝日新聞社、一九九九年）。最近では、柳澤和明「陸奥国分寺・尼寺創建から多賀城第Ⅱ期造営への連続性」（『日本考古学』五五、二〇二二年）が、陸奥国分寺の創建時期との関係から、紫紙金字『金光明最勝王経』の製作過程に言及している。

（2）以上の記述に関連する史料を、『大日本古文書』編年文書の巻と頁で示せば、次のとおり（最初の頁のみ示す）。八ノ一六三、九ノ二九四、九ノ二九九、三ノ一二七、十二ノ一七二、十一ノ五〇七、十三ノ一三、二十五ノ一九六、四ノ二二九。

（3）二次利用面の「間経校帳」は追い込み式の帳簿であり、後にまとめて書かれた可能性もなくはないが、ここでは各写経の校正が済むたびに記入していったものと捉え、第五紙（表）の記載の中で最も古い日付（天平二十年四月十日）を、一次利用面（史料1）が作成された下限とする。

（4）正確に言うと、『大日本古文書』は、続々修正倉院古文書第二十六帙第十巻第六紙裏、すなわち史料1のすぐ左に継がれた「法華経最勝王経瑩紙注文」の年代を天平十年と推定し、右隣の史料1も類収する形を採る。「法華経最勝王経瑩紙注文」を天平十年のものと判断した根拠として、『大日本古文書』の按文は「写経司雑受書并進書案及返書」（七ノ一六七）を挙げるが、こちらで書写されている『法華経』は黄蘗染めの紙が使われており（七ノ一七〇、二行目）、墨書経と推定されるため、瑩の工程はないものと思われる。また、別の根拠史料として「写経司告朔解案」（七ノ一九五）を挙げるが、これも異筆書き込みを除いた地の文書には、どこにも瑩の工程があったとは記されていない。異筆書き込みは紫紙に関するもので、紫紙であれば金字経の可能性はあるが、こちらは年代も仏典名もわからず、したがってそれが『金光明最勝王経』や『法華経』に関わるものかどうかは判断できない。

（5）これ以降の記載においても、たとえば「十巻」で「用十七」などの数字が見え、これが仮に巻子十点だとすると、平均一～二枚の紙で一つの巻子を成していたことになり、一般的な仏典の一巻あたりの長さからするとあまり想定できない。

（6）栗原治夫「総論」（奈良国立博物館編『奈良朝写経』、東京美術、一九八三年）などを参照。

（7）ここでは過去に頒布されたマイクロフィルムで確認したが、現在は宮内庁のホームページからもマイクロ写真を閲覧できる。

（8）このように考えると、十二行目以前に校正の回数記載が全く無いのが不審となる。経緯としては、たとえば、この記録を付け始めた途中から、回数を記載する必要性に気づいた等の事情も考えられるが、根拠となる史料もなく、確定できない。
（9）山下有美「校経における勘出・正書の実態と布施法」（『正倉院文書研究』一三、二〇一三年）などを参照。
（10）総本山西大寺編『国宝　西大寺本　金光明最勝王経　天平宝字六年百済豊虫願経』（勉誠出版、二〇一三年）に、全巻のカラー図版が掲載されている。
（11）本経の詳細な書誌データは、先掲の総本山西大寺編『国宝　西大寺本　金光明最勝王経　天平宝字六年百済豊虫願経』（注10）に所収の野尻忠「金光明最勝王経（百済豊虫願経）書誌解題」に載っており、本稿はこれに依拠した。
（12）文書（帳簿）名は東京大学史料編纂所編『正倉院文書目録　四　続修別集』（東京大学出版会、一九九九年）による。『大日本古文書』には「写疏論集校帳」の文書名で収載。また、北村安裕「正倉院文書写経機関関係文書編年目録――天平十六年」（『東京大学日本史学研究室紀要』十二号、二〇〇八年）には、「常疏始校帳」（一覧表の41番）として載る。
（13）当時、官営の写経所では、光明皇后発願一切経（通称「五月一日経」）の書写事業ことを「常」と呼び、それ以外の写経を「間」と呼んで区別されていた。常疏については、皆川完一「光明皇后願経五月一日経の書写について」（同著『正倉院文書と古代中世史料の研究』、吉川弘文館、二〇一二年。初出一九六二年）を参照。
（14）ほとんどが常疏であるが、若干、間写の仏典が混入しているようである。十一月二十九日以降に何度か校正記録のある『成唯識論』は、天平十六年十二月二十四日付の「写疏所解」（『大日本古文書』八ノ五二五）に「成唯識論一部〈十巻〉用紙二百九枚」とあるものにあたり、一切経外の書写、すなわち間写に分類されている。蛇足ながら、この『成唯識論』の筆写を担当した経師は大鳥祖足である（『大日本古文書』八ノ四三八）。
（15）文書（帳簿）名は東京大学史料編纂所編『正倉院文書目録　四　続修別集』（注12）による。『大日本古文書』には「後一切経校帳」の文書名で、写真付きで収載。

(16) この史料3が、天平十五年に始まった「大官一切経」事業（天平十八年に別の一切経事業（後写）が始まると、区別するために「先写」と称された）に関するものであることは、春名宏昭「先写一切経（再開後）について」（『正倉院文書研究』三号、吉川弘文館、一九九五年）を参照。春名論文は、史料3と「下道主解案」（九ノ一六九）の内容が合致する点も、的確に指摘している。ただし、これらは下道主の一人分ではなく、下道主が案主として先写経全体を取りまとめた校帳および報告書と理解されており、その点が本稿と異なる。

(17) この点は、史料2と史料3の紙背文書の状況からも推定されるように思う。両史料は同じ続修正倉院古文書別集第四十八巻裏に収められるが、同巻の表には、鏡の下絵や「大々論」と傍書された戯画、王羲之風の楽書、仮名書状などが集められている（奈良国立博物館編『第七十一回正倉院展目録』〈二〇一九年〉に、いくつかのカラー図版が掲載される）。史料2（第六〜七紙）の紙背は、『古文尚書』の冒頭部分を四行だけ書き、余白に漢字の草体に楷書の注を付けた「草字釈文」が記されている。この「草字釈文」について宮﨑健司氏は、朝鮮半島からの舶載品で草書体で書かれた『判比量論』の写本（大谷大学博物館所蔵）を論じる中で、「「草体釈文」は、草書体の舶載経を（わが国で）書写するに際して解読の手引きとして作成されたものと考えられ」ることを述べている（「大谷大学博物館蔵『判比量論』断簡の性格」〈同著『日本古代の写経と社会』、塙書房、二〇〇六年〉）。また、同史料について内藤乾吉氏は「草書に釈文を附けたものであるが、草書の形が、曖昧不正確なものが多く、中には「挙」の草体を「気」と釈しているように、明らかに誤っているものもある」としつつ、その紙背文書に触れ、「この校帳は、校生の筆と思われ、書はきわめて拙であるが、この草字釈文を書いたものも、おそらくその校帳の筆者と同一人物で、書かれた時期も校帳と同じころであろう。校帳の筆者は未考である」と述べられた（宮内庁蔵版『正倉院の書蹟』、日本経済新聞社、一九六四年。図版一二七の解説）。次に史料3（第八〜九紙）の紙背は、『文字弁嫌』という典籍の一部を写したもので、これは難解な文字の発音や語釈を記した文献。先の「草字釈文」が書写対象の仏典の「解読の手引き」（宮﨑氏）であったとするならば、この『文字弁嫌』も、同じような目的で、写経所の技術者たちが参照（ときに書写）した文献であったと考えられよう。史料3の校正記録は下道主が書いたことが確実と思われるので、内藤乾吉氏の見解を援用すれば、紙背の『文字弁嫌』も下道主の筆写と言えよう。そして、史料2およびその紙背「草字釈文」も、内藤氏が「未考」とされた筆者について、本稿ではそれを下道主と推定したい。

(18)『日本古代人名辞典』第四巻（吉川弘文館、一九六三年）の「下道主」の項では、天平十五年五月に「四分律抄」を校正した「道主」（間校帳。『大日本古文書』八ノ二〇〇）という人物を、下道主に比定する。比定が正しければこれが下道主の初見となるが、史料上に「道主」としか記載されないこの人物のウジ名が、「下」であることを確実に判断できる材料は、今のところ見出せない。よって、本稿では下道主の確実な初見を天平十六年十二月十八日付の布施申請解とする。

(19)下道主は、天平宝字年間の史料（『大日本古文書』十五ノ二三七など）に「河内国大県郡人」とあり、出身地が知られる。一方、「田辺」氏は河内国安宿郡を本拠とする百済系氏族であり、史（フヒト）のカバネを賜り、天平年間頃には官僚として活躍した田辺真人などがいる。同じ河内国で、大県郡と安宿郡は近接することからも、下道主の出自が田辺氏であった可能性はあるのではないか。

(20)奈良国立博物館の紫紙金字『金光明最勝王経』は、web上のデータベースで文字面の画像がすべて閲覧できる。そこにも基本的な書誌情報は載っているが、より詳細なものは、『奈良国立博物館蔵品図版目録』（一九九〇年）が刊行されて以来、更新されていない。また、右の図版目録の一一一頁に載る書誌情報には誤りが多いので、以下に指摘しておく。

- 巻第一について「一紙二十六行。他巻も同じ」とするが、巻第二～十は基本的に一紙二十六行であるものの、巻第一は二十七行が基本である。
- 巻第三の法量で、長さを「七五八・八」とするが、表2と比較すれば、これは明らかに長すぎる。同様に、巻第六の長さ「七九二・五」は短すぎる。
- 館蔵品番号の「八一七」は誤りで、「七五九」が正しい。

(21) 統一的に用意されたであろう料紙に、同じ長さの巻を書写しているので、各巻の紙の枚数にそれほど大きな差が出るはずはなく、表1を見ても同一巻次の紙数は通常は一枚程度の揺れ幅である。その中で、巻第四と巻第七は二枚もの差が出ており、史料1の記載に何らかの誤りがあるのでないかと思う。巻第四については、表1の33番と34番が十七枚で、他は十五枚で統一。巻第七は、15番と21番（ともに経師は「浄」）が十五枚と少なく、他は十六枚がほとんどで一部が十七枚となっている。

(22) この人名比定にあたっては、渡辺晃宏「金光明寺写経所の研究——写経機構の変遷を中心に——」（『史学雑誌』九六‐八、一九八七年）に掲載の各表を参照した。

(23) 高野山龍光院の紫紙金字『金光明最勝王経』には、軸墨書（軸付部分の巻末背書のことか）があり、「丸部島守」の名が書かれているとのことである。『日本古代人名辞典』第七巻（吉川弘文館、一九七七年）「丸部島守」の項を参照。

正倉院文書にみえる灌仏会・盂蘭盆会関係経典

内田敦士

はじめに

日本古代の仏教儀礼を考える上で、重要なものとして灌仏会と盂蘭盆会がある。灌仏会は、毎年四月八日に、釈迦の仏像に香水を灌ぎ、釈迦の誕生を祝う儀礼であり、盂蘭盆会は、毎年七月十五日（安居の終了日）に、僧侶たちに食事供養を行う儀礼である。

『日本書紀』推古十四年（六〇六）四月壬辰（八日）条には、「自二是年一初毎レ寺、四月八日・七月十五日、設レ斎」とあり、大化三年（六四七）是歳条には、「制二七色一十三階之冠一。（中略）此冠者、大会・饗客・四月七月斎時所レ着焉」とある。すなわち、推古朝以降、四月八日の灌仏会と七月十五日の盂蘭盆会が、諸寺で行われるようになり、遅くとも孝徳朝段階で、大会や饗客と並んで冠を着けることが求められる重要な儀礼として位置付けられている。これらのことから、灌仏会と盂蘭盆会は、国家統合に関係する儀礼として注目されている[1]。

その後、奈良時代に灌仏会と盂蘭盆会がどのように行われていたのか、『続日本紀』には関係史料がほとんど現れないため、明確ではない。そこで本稿では、正倉院文書に注目したい。両儀礼の関係経典が、正倉院文書にどのように現れるのかを分析することで、奈良時代の両儀礼について考察を深めたい。

一　灌仏会関係経典

経典の分析

まず、灌仏会関係経典を見ていきたい。本稿では、『般泥洹後灌臘経』『仏説灌洗仏形像経』『仏説摩訶刹頭経』『仏説浴像功徳経』『浴仏功徳経』の五経を、灌仏会関係経典として扱う。

①『般泥洹後灌臘経』一巻は、『大正新脩大蔵経』No.三九一に収録されている。竺法護訳。舎衛国の祇樹給孤独園で、阿難に対して仏滅後の四月八日と七月十五日に行う灌仏の方法や功徳を説く。

②『仏説灌洗仏形像経』一巻は、『大正新脩大蔵経』No.六九五。西晋の法炬訳。摩訶刹頭らに対して、四月八日の誕仏の様子や灌仏の方法・功徳を説く。

③『仏説摩訶刹頭経』一巻は、『大正新脩大蔵経』No.六九六。姚秦の聖堅訳。内容は②『仏説灌洗仏形像経』とほぼ共通する。灌仏を行う「五色水」の作り方について詳細に記すのが特徴である。「五色水」は清涼殿で行われた御灌仏で用いられたことが確認できる(2)。

④『仏説浴像功徳経』一巻は、『大正新脩大蔵経』No.六九七。唐の宝思惟訳。前三経に比べると新しい経典である。王舎城の鷲峰山において、仏が清浄慧菩薩らに対して、灌仏の方法や功徳を説く。

⑤『浴仏功徳経』一巻は、『大正新脩大蔵経』No.六九八。唐の義浄訳。内容は、④『仏説浴像功徳経』とほぼ共通する。

正倉院文書の分析

正倉院文書の中で、灌仏会関係経典がみえる史料を網羅的に収集し、表1にまとめた。作業は、東京大学史料編纂所ホームページの奈良時代古文書フルテキストデータベースのキーワード検索と、『大日本古文書』の目視によって行った。『大日本古文書』の翻刻の問題もあり、当然拾えていない史料もあると思われるが、まずはおおまかに把握してみたい。

表1に、○で示したものは、文書内に経典名が確実に書かれているものである。△で示したのは、宝思惟訳『仏説浴像功徳経』か、義浄訳『浴仏功徳経』かの判断ができないものである。[3]本稿では、年月日が明記されている文書のうち、経典の貸借に関わる文書に注目したい。

【史料1】「納櫃本経検定幷出入帳」天平十五年三月二十三日条（続々修十五帙三9、二四ノ一七八、表1－2）

　　四月一日且納赤万呂
廿三日出奉仏蔵経四巻　浴像功徳経一巻 並上坐大徳宣出奉 受平摂師
　又灌仏経一巻[4] 依同宣 受同師 九月十日納赤万呂
　　　小野朝臣　田辺真人
　　　　　辛国人成

【史料2】「納櫃本経検定幷出入帳」天平十六年三月十八日条（続々修十五帙三10、二四ノ一八〇、表1－3）

三月十八日出浴像功徳経一巻 請聖輪師所 四月六日返納了　知辛国人成
　納了赤万呂

【史料3】「納櫃本経検定幷出入帳」（続々修十五帙三3、二四ノ一七四、表1－6）

表1　正倉院文書にみえる灌仏会関係経典

No.	年　月　日	大日古	般泥洹後灌臘経	仏説灌洗仏形像経	仏説摩訶刹頭経	仏説浴像功徳経（宝思惟訳）	浴仏功徳経（義浄訳）
1	天平８年（736）11月24日	７/59			○	△	△
2	天平15年（743）３月23日	24/178				△	△
3	天平16年（744）３月18日	24/180				△	△
4	天平18年（746）７月16日	24/347				△	△
5	天平19年（747）８月24日	９/446			○	△	△
6	天平20年（748）３月24日	24/174				△	△
7	天平20年（748）11月30日	３/471				△	△
8	天平20年（748）11月30日	３/479				△	△
9	天平20年（748）11月30日	10/121				△	△
10	天平20年（748）11月30日	10/589				△	△
11	天平20年（748）11月30日	10/593				△	△
12	天平20年（748）11月30日	10/597				△	△
13	天平20年（748）11月30日	10/602				△	△
14	天平20年（748）11月30日	10/604				△	△
15	天平20年（748）11月30日	10/609				△	△
16	天平20年（748）11月30日	10/613				△	△
17	天平20年（748）11月30日	11/477				△	△
18	天平21年（749）２月９日	24/176				△	△
19	天平21年（749）３月20日	９/379				△	△
20	天平勝宝元年（749）８月19日	11/44				△	△
21	天平勝宝４年（752）４月７日	12/266				△	△
22	天平勝宝５年（753）４月５日	12/390				△	△
23	天平勝宝７歳（755）４月21日	25/187				△	△
24	天平勝宝７歳（755）４月21日	25/186		○			
25	天平勝宝７歳（755）４月21日	25/186			○		
26	天平宝字５年（761）３月22日	４/497					○
27	天平宝字７年（763）４月13日	５/433		○		○	
28	天平神護３年（767）２月８日	17/33	○				
29	天平神護３年（767）２月８日	17/29			○		
30	神護景雲４年（770）８月21日	17/218				△	△
31	宝亀２年（771）閏３月８日	18/233			○		
32	宝亀３年（772）３月28日	20/195		○			
33	宝亀３年（772）７月24日	20/145		○			
34	宝亀３年（772）９月19日	20/146				△	△
35	宝亀３年（772）９月19日	20/194			○		
36	宝亀３年（772）10月４日	20/135	○				
37	宝亀３年（772）10月19日	20/123	○				
38	宝亀６年（775）10月23日	23/546	○				
39	宝亀７年（776）５月28日	23/594		○			
40	欠	７/31			○		
41	欠	10/118			○		
42	欠	10/322			○		
43	欠	10/333			○		

44	欠	12/75		○	○		
45	欠	12/76				△	△
46	欠	12/92	○				
47	欠	12/113		○			
48	欠	12/114				△	△
49	欠	12/130	○				
50	欠	12/188	○		○	△	△
51	欠	12/189			○	△	△
52	欠	12/190	○				
53	欠	12/206				△	△
54	欠	12/211					○
55	年月欠17日	12/473		○			
56	欠	12/552					○
57	欠	13/180		○			
58	欠	17/68			○	△	△
59	欠	21/26		○	○	△	△
60	欠	21/43	○				
61	欠	21/89		○	○	△	△
62	欠	21/106	○				
63	欠	23/145					○
64	欠	23/159	○				
65	欠	23/165				△	△
合　計			11	11	16	1（35）	4（38）

（前略）
浴像功徳経一巻
右、依二良弁大徳宣一、奉請（天平）廿年三月廿四日
（後略）

【史料4】「写書所経疏奉請帳」（続々修十六帙五7、十二ノ三九〇、表1－22）

（前略）
浴像功徳経一巻
右、依二少僧都天平勝宝五年四月五日宣一、令二奉請一如レ前　付僧鏡勝
以二十一日一奉返了　収生人　知上馬養
（後略）

以上の四つの史料は、日付上灌仏会の直前の時期に、灌仏会関係経典が貸し出されたことを示すものである。請求目的が明記されていないため、確実に灌仏会に関係すると断言することはできない。しかし、次の史料は決定的である。

【史料5】天平勝宝四年四月七日「東大寺牒」（続々修十六帙七15、十二ノ二六六、表1－21）

寺牒　写経司

奉請浴像経壱巻

右、為レ奉レ説二明日件経一、奉請如レ前。

今以レ状、故牒。

天平勝宝四年四月七日　受使僧仙光

寺主　大都那法正

知　三嶋宗麿　呉原生人

この史料は東大寺が写経司に対して、四月八日に浴像経を説くために請求したことがわかる。灌仏会で浴像経が講説されたことを示す史料といえよう。ところが、平安時代に清涼殿で行われた御灌仏では、講師という役割の僧侶は登場しないし、僧侶が何らかの経典を講説している様子もなく、そもそも経典が用意されていない(5)。なぜ、そのような違いがあるのかは、今後検討しなければならないが、ここでは、灌仏会で関係経典を講説する場合があり、史料1～4のケースも講説のために請求・貸出が行われた可能性があることを指摘しておく。

最後に、道鏡が灌仏会関係経典を請求した興味深い文書を見ていきたい。

【史料6】天平宝字七年四月十三日「奉写御執経所請経文」（続修別集四11、五ノ四三三～四、表1－27）

奉写　御執経所

「充」

浴像功徳経一巻　宝思惟訳

「充」
灌洗仏形像経一巻 亦云四月八日灌経
「充」
南海伝五巻
右、被㆓弓削禅師今月十二日宣㆒偁、件経幷
伝、奉㆓請於東大寺㆒者。仍差㆓内豎八清水
連城守㆒充㆑使、奉請如㆑前。
　　天平宝字七年四月十三日乾政官史生因幡国造田作
「行
　　判官葛井連根道
　　主典阿刀連酒主
　令㆓奉請㆒二巻 一巻浴像功徳経 一巻灌洗仏形像経 並黄紙及表綺緒紫檀軸
　並宮一切経之内第五櫃　付㆓内豎八清水連城守㆒
　以㆓五月一日㆒令㆑請㆓南海伝一部四巻㆒ 黄紙及表綺帯赤木軸 坤宮一切経内之」

この史料は以前にも言及したが、その後得られた知見もあるため、改めて検討してみたい。山本幸男氏は、『灌洗仏形像経』は、灌仏会を機に配備の必要性が認識され、書写用に請求されたのではないかとした。(6)これに対して筆者は、書写用と断定することはできないことと、『灌洗仏形像経』だけではなく、『浴像功徳経』も仏像を洗浴する方法と功徳を説いたものであるため、両経ともに灌仏会に関係して請求されたと考えるべきであることを指摘した。(7)

さて、同時に請求された「南海伝五巻」は、義浄『南海寄帰内法伝』を指すと思われる。筆者は旧稿執筆段階では、なぜここで『南海寄帰内法伝』が同時に請求されているのかわからず、言及を避けざるを得なかった。その後、『南海寄帰内法伝』を読み進めると、インドの灌仏の様子や中国で行われている灌仏への批判などが書かれていることが判明した。さらに義浄訳『浴仏功徳経』と『南海寄帰内法伝』を比べて読むと、灌仏に用いる水は虫を殺さないように濾して使用すること、磨香や吉祥水に関する説明、灌仏後に仏像を布で拭くことなど、共通の内容が多くみられ、『南海寄帰内法伝』にみえる義浄の主張が、『浴仏功徳経』にも盛り込まれていることがわかった。(8)

以上のことから、道鏡は、宝思惟訳『浴像功徳経』や『灌洗仏形像経』と合わせて『南海寄帰内法伝』を参照・比較することで、灌仏会について研究しようとした可能性が高いといえる。

二　盂蘭盆会関係経典

経典の分析

次に、盂蘭盆会関係経典をみていきたい。『仏説盂蘭盆経』『仏説報恩奉盆経』『仏説浄土盂蘭盆経』『随願往生経』の四経を盂蘭盆会関係経典として扱う。

①『仏説盂蘭盆経』一巻は、西晋・竺法護訳とされる。『大正新脩大蔵経』№六八五。仏が舎衛国の祇樹給孤独園にいた際、目連は亡くなった母が餓鬼となっているのを神通力によって見つける。鉢に飯を盛って母に送るが、母が食べようとすると、飯は火炭となってしまう。目連は泣き叫んで仏に助けを求める。仏は、七月十五

日に僧侶たちに供養を行うことによって、母は救われると教えた。そして、実際に目連の母は餓鬼の苦を逃れることができたという内容である。現在、日本で盂蘭盆経といえば、これを指すのが一般的である。(9)

②『仏説報恩奉盆経』一巻。『大正新脩大蔵経』No.六八六。①『仏説盂蘭盆経』のほぼ前半部分に相当する。盂蘭盆会関係経典の中で最も短い経典。「盂蘭盆」の語を含まない。①『仏説盂蘭盆経』と②『仏説報恩奉盆経』の成立順については議論がある。(10)

③『仏説浄土盂蘭盆経』一巻は、敦煌文書の伯二一八五として残された経典である。盂蘭盆会関係経典の中で最も長い経典であり、①『仏説盂蘭盆経』をもとに七世紀前半に偽作されたと考えられている。(11)

④『随願往生経』一巻は、『灌頂経』(『大正新脩大蔵経』No.一三三一)の第十一巻『仏説灌頂随願往生十方浄土経』。盂蘭盆会関係経典と認識されないこともあるが、岡部和雄氏は、『随願往生経』の那舎長者の物語と③『仏説浄土盂蘭盆経』の目連と母の過去世因縁譚が類似することや、浄土の要素が共通することを指摘する。(12)

正倉院文書の分析

続いて正倉院文書の分析に移りたい。灌仏会関係経典の分析と同様に、盂蘭盆会関係経典がみえる史料を、表2に示した。

本節でも、年月日が明記された文書のうち、経典の請求・貸出に関わる史料をみていきたい。

【史料7】「律論疏集伝等本収納幷返送帳」天平十六年七月十二日・十六日条(正集三三裏2、八ノ一九〇・一九一、表2-10・11)

七月

表２　正倉院文書にみえる盂蘭盆会関係経典

No.	年　月　日	大日古	仏説盂蘭盆経	仏説報恩奉盆経	仏説浄土盂蘭盆経	随願往生経
1	天平5年（733）2月30日	7/6				○
2	天平8年（736）11月24日	7/59	○	○		
3	天平11年（739）7月10日	7/85		○		
4	天平11年（739）7月10日	7/86				○
5	天平11年（739）9月7日	7/320				○
6	天平14年（742）7月24日	8/113		○		
7	天平14年（742）9月30日	8/92		○		
8	天平15年（743）7月23日	24/179		○		
9	天平16年（744）7月12日	24/180	○			
10	天平16年（744）7月12日	8/190	○			
11	天平16年（744）7月16日	8/191	○			
12	天平17年（745）7月11日	24/173	○			
13	天平18年（746）7月16日	24/347		○		
14	天平1□年	8/363	○			
15	天平20年（748）11月30日	11/478	○			
16	天平勝宝2年（750）5月15日	10/630		○		
17	天平勝宝3年（751）6月8日	12/5	○			
18	天平勝宝4年（752）4月2日	12/264	○			
19	天平勝宝4年（752）7月10日	12/332	○	○	○	○
20	天平勝宝4年（752）7月10日	12/310		○		○
21	天平勝宝5年（753）7月4日	4/95	○	○		
22	天平勝宝7歳（755）4月21日	25/187	○			
23	天平勝宝7歳（755）4月21日	25/192		○		
24	天平宝字7年（763）7月12日	5/451		○	○	
25	天平神護3年（767）2月22日	17/46				○
26	宝亀元年（770）10月30日	17/201	○			
27	宝亀元年（770）10月30日	17/202	○			
28	宝亀元年（770）11月3日	17/204	○			
29	宝亀2年（771）閏3月8日	18/233		○		
30	宝亀2年（771）5月14日	18/346	○			
31	宝亀2年（771）6月25日	18/552	○			
32	宝亀3年（772）9月19日	20/145	○			
33	宝亀3年（772）9月19日	20/146		○		
34	宝亀3年（772）10月4日	20/136		○		
35	欠	7/10			○	
36	欠	7/17		○		
37	欠	7/203				○
38	欠	10/332	○			
39	欠	11/14	○			
40	欠	12/76	○	○		
41	欠	12/114	○			
42	欠	12/145				○
43	欠	12/450			○	
44	欠	12/461		○		

45	年月欠17日	12/473		○		
46	欠	12/493			○	
47	欠	13/180		○		
48	年欠6月8日	16/555		○		
49	欠	17/67		○		
50	欠	17/68	○			
51	欠	21/26	○	○		
52	欠	21/89	○	○		
53	欠	23/159				○
54	欠	24/19			○	
55	欠	24/22		○		
56	欠	24/104				○
57	欠	24/388	○			
58	欠	24/536				○
合　計			26	25	6	11

反来
十二日納盂蘭盆経四巻 二巻宮一切経内黄麻紙及表紫檀軸斑綺緒 一巻山階寺黄紙及表斑綺緒木檜軸
一巻黄紙黄表漆軸綺辛国堂　納黒□櫃一合象牙足
着金塗釘
右進借レ甲加宮　茨田少進宣　使上丁宇万呂
判進膳令史
十六日返送盂蘭盆経四巻 不来□納黒□櫃一合 右依先奉請収納如件　使宇万呂　受人成

【史料8】「納櫃本経検定幷出入帳」天平十六年七月十二日条（続々修十五帙三10、二四ノ一八〇、表2－9）
七月十二日出盂蘭盆経一巻 依茨田少進宣、奉請甲可宮 知辛国
納了
令史高屋連　葛野古万呂
人成

【史料9】「納櫃本経検定幷出入帳」天平十七年七月十一日条（続々修十五帙三2、二四ノ一七三、表2－12）
十七年七月十一日出盂蘭盆経一巻
平摂師宣
右、依~~東并大~~徳、便使付二教演沙弥一、令レ請奉レ如レ件。

【史料10】「経疏出納帳」（塵芥二八裏4、四ノ九五、表2―21）

（前略）

盂蘭盆経一巻 間写者 報恩奉盆経 一切経内者

右、以ニ（天平勝宝）五年七月四日一、奉ニ請澄恵師所一。即使。

返訖　　知呉原生人

（後略）

【史料11】「奉写御執経所請経文」（続修別集四6、五ノ四五一～四五二、表2-24）

奉写　御執経所

島院

奉請浄土盂蘭盆経 可請内堂経内之 奉盆経 可請嶋院図書寮経内、令請如件

右、弓削禅師宣云、上件経等、従ニ東大寺一、奉ニ請内裏一者。今依ニ宣旨一、内竪六人部嶋継差レ使、令ニ奉請一如レ前。

天平宝字七年七月十二日承宣内竪日置浄足

判許　　主典志斐連

以上の五つの史料は、七月十五日の直前の時期に関係経典が貸し出されており、盂蘭盆会に関係する可能性が高いが、確証はない。それに対して次の史料は、明確に目的が記される。

【史料12】「経本出納帳」天平勝宝二年五月十五日条（続々修十六帙六5、十ノ六三〇、表2-16）

勝宝二年五月十五日出報恩奉盆経一巻
右、為二七月十五日講一奉請。受二僧標瓊一
奉返了　　知他田水主

この史料は天平勝宝二年五月十五日に、報恩奉盆経一巻を貸し出したものである。「七月十五日講」のためと目的が明記されている。盂蘭盆会で行われる経典の講説とみてよいだろう。

さらに次の二つの史料には、「盂蘭盆（経）講師」という言葉がみえる。

【史料13】天平勝宝四年七月十日「東大寺牒」（続々修三帙十裏10、十二ノ三三一、表2－19）

寺牒　　写一切経司
「无」奉請盂蘭経〈盆〉一巻　「請」報恩奉鉢経（亦名報恩奉盆経）
「无」浄土盂蘭盆経　　「請」随願往生経
右、為レ充二盂蘭盆講師之所一、附二
僧慚善一、奉請如レ前。以牒。
天平勝宝四年七月十日少都維那聞崇
都維那法正

【史料14】「写経所写経出納帳」（続々修十六帙五1、十二ノ三一〇、表2－20）

（前略）
報恩奉呪経一巻（法雑）　随願往生経一巻（宮一切経内者）（未分十三　並二櫃）
右、以二天平勝宝四年七月十日一、奉二請盂蘭盆経講師所一（明一師）

（後略）

史料13と史料14は、相互に関係する史料である。史料13は、東大寺から写一切経司に対して出された文書であり、盂蘭盆講師の所に充てる目的で、盂蘭盆会関係四経典を請求したものである。これに対して、史料14では、『報恩奉呪（盆の誤りか）経』と『随願往生経』のみが、盂蘭盆経講師の所に、貸し出されたことがわかる。

以上のことから、盂蘭盆会では、盂蘭盆経講師によって盂蘭盆経の講説が行われることが確実にあったといえる。[13] また、盂蘭盆会関係四経の登場数に注目すると、『仏説浄土盂蘭盆経』が六回と非常に少ないことは特筆すべきである（表2参照）。奈良時代の日本には、他の経典に比べて『仏説浄土盂蘭盆経』の導入が限定されていたようである。

別稿で明らかにしたように、日本の盂蘭盆会は、『仏説盂蘭盆経』『仏説報恩奉盆経』（Aタイプとする）との関係が深く、中国の盂蘭盆会は、『仏説浄土盂蘭盆経』『随願往生経』（Bタイプとする）との関係が深い。表2によると、Aタイプが合計五一件、Bタイプが合計一七件となり、AタイプはBタイプの三倍にもなっている。傾向としては、別稿の検討結果とも合致する。[14]

ただし、Bタイプを意図的に排除するのではなく、史料11・13のように、AB問わず多数の関係経典を一度に請求することがあったことは興味深い。請求者にはそれらが関係する経典であるという知識があり、比較して分析したいという欲求があったことになるだろう。大宝積経の勘経や、景雲一切経の章疏の勘経などと同じく、経典研究に値するものとして注目される。[15]

おわりに

本稿では、正倉院文書にみえる灌仏会・盂蘭盆会関係経典について検討してきた。灌仏会や盂蘭盆会の実施にあたって、関係経典を請求・貸出する事例が多数確認でき、両儀礼で講説が行われることがあったことがわかった。また、関係経典を収集し比較する姿勢をみせる僧侶がいたことも興味深い。状況から考えて、経典研究・儀礼研究として評価できよう。

さて、日本の仏教儀礼を論じる際、中国で実際に行われていた儀礼の影響が指摘されることが多い。盂蘭盆会の先行研究では、例えば、黒須利夫氏が、日本の七寺盂蘭盆会に関して、中国で行われていた代宗の盂蘭盆会が影響を与えたとする。(16)これに対して筆者は、中国と日本の盂蘭盆会の共通点だけではなく、相違点にも着目した。その結果、日本は中国社会で実際に行われていた盂蘭盆会というよりも、『仏説盂蘭盆経』に描かれた盂蘭盆会を受容したようにみえるとの指摘を行った。(17)その背景には、本稿で明らかにしたような経典の研究があると考えられる。経典の研究の成果として、経典内容に沿った儀礼が行われるのだろう。その意味では、経典を通じて儀礼を受容しているのである。

さらに、もう一点指摘しておきたいのは、なぜ日本の人々は、灌仏会や盂蘭盆会を行ったのかという問題である。中国で行われていた灌仏会や盂蘭盆会を模倣したとするならば、中国の儀礼に模倣するべき価値を認めたことになる。一方で、経典に描かれた灌仏会や盂蘭盆会を模倣したとみるならば、彼らが正当性の根拠としたのは、中国の国家や社会ではなく、あくまで経典である。

では、なぜ経典にそれほどの価値を認めるのか。それは、インドにある舎衛国の祇樹給孤独園や王舎城の鷲峰山で、実際に仏が説いたことが書かれていると信じられていたからではないのか。日本古代の人々は、インドで仏が説いた儀礼にこそ、模倣するべき価値を認めたのである。

史料の残存状況によるのかもしれないが、道鏡の登場頻度の高さも興味深い。彼は灌仏会や盂蘭盆会に興味を持っていたらしい。史料11では、日本ではあまり一般的ではなく正倉院文書にもほとんど現れない『仏説浄土盂蘭盆経』に注目している。さらに、史料6では、中国の灌仏のありかたを批判する『南海寄帰内法伝』と灌仏会関係経典をセットで請求し、インドの灌仏にも関心を寄せていたようである。道鏡とインドといえば、「略抄二梵文（サンスクリット）一」という道鏡の伝の記述との関係も気になるところである。(18) 別稿でも指摘したように、称徳朝の仏教に関しては、さらなる研究の積み重ねが必要であろう。(19)

残された課題は多いが、先行研究に問題が多く修正が必要なものとして、清涼殿で行われた御灌仏がある。(20) 御灌仏で行われた儀礼を詳細に復元することによって、仏教伝来以降、列島各地で行われたであろう灌仏会を復元するための貴重な情報が得られるはずである。引き続き検討を進めていきたい。

注

（1） 上川通夫「ヤマト国家時代の仏教」（『日本中世仏教形成史論』、校倉書房、二〇〇七年。初出一九九四年）、中林隆之「古代国家の形成と仏教導入」（『日本古代国家の仏教編成』、塙書房、二〇〇七年）、古市晃「四月・七月斎会の史的意義——七世紀倭王権の統合論理と仏教——」（『日本古代王権の支配論理』、塙書房、二〇〇九年。初出二〇〇七年）。

(2)『延喜式』図書式5灌仏条、『江家次第』御灌仏事など。
(3) 例えば、表1―26の文書では、「浴像功徳経一巻」に「三蔵義浄訳」の注記がある。つまり、義浄訳『浴仏功徳経』も『浴像功徳経』と呼ばれることがあったのである。よって、訳者名の注記がない『浴像功徳経』は、宝思惟訳か義浄訳か判断できないことになる。なお、合計欄には○のみの合計を示し、括弧内に○と△の合計を示した。
(4)『灌仏経』は、『灌洗仏形像経』を指す可能性があるが不明。いずれにしても、灌仏会に関係する経典であろう。
(5)『西宮記』「御灌仏事」、『北山抄』「灌仏事」「灌仏」、『江家次第』「御灌仏事」などの儀式次第には、講師は登場しない。また、『延喜式』図書式5灌仏条には、灌仏会で用いる様々な物品が規定されているが、その中に経典は含まれていない。これは、同3御斎会条、4二季読経条、6仏名条、7仁王会条などで、それぞれ関係経典が用意されていることと対照的である。
(6) 山本幸男「孝謙太上天皇と道鏡――正倉院文書からみた政柄分担宣言期の仏事行為――」(『奈良朝仏教史攷』、法藏館、二〇一五年。初出二〇〇四年)。
(7) 内田敦士「景雲一切経の写経・勘経事業と称徳・道鏡政権」(『続日本紀研究』三九九、二〇一二年)。
(8)『南海寄帰内法伝』の読解にあたっては、宮林昭彦・加藤栄司訳『現代語訳　南海寄帰内法伝――七世紀インド仏教僧伽の日常生活――』(法藏館、二〇〇四年)を参照した。
(9) 柴崎照和『お盆と盂蘭盆経』(大東出版社、二〇〇六年)。
(10) 岡部和雄「盂蘭盆経類の訳経史的考察」(『宗教研究』一七八、一九六四年)は、『仏説盂蘭盆経』『仏説報恩奉盆経』の順に成立したとし、入澤崇「佛説盂蘭盆経成立考」(『仏教学研究』四五・四六号、一九九〇年)は、『仏説報恩奉盆経』『仏説盂蘭盆経』の順に成立したとする。
(11) 岡部和雄「浄土盂蘭盆経の成立とその背景――偽経経典成立に関する一試論――」(『鈴木学術財団研究年報』二、一九六六年)。『浄土盂蘭盆経』の成立について、年中行事化した盂蘭盆供養の隆盛という事実が先にあり、それが経典に表れたとする。

(12) 岡部和雄「敦煌本「盂蘭盆経讃述」の性格」(『印度学仏教学研究』一八-二、一九七〇年)。

(13) 盂蘭盆会で盂蘭盆経の講説が行われることについては、『日本書紀』斉明天皇五年(六五九)七月庚寅(十五日)条にも、「詔二群臣一、於二京内諸寺一、勧二講盂蘭盆経一、使レ報二七世父母一。」とある。

(14) 内田敦士「宮都における盂蘭盆会の日中比較」(堀裕・三上喜孝・吉田歓編『東アジアの王宮・王都と仏教』、勉誠社、二〇二三年)。

(15) 宮﨑健司「天平勝宝七歳における『大宝積経』の勘経」(『日本古代の写経と社会』、塙書房、二〇〇六年。初出一九九四年)、内田敦士「称徳朝における章疏の勘経」(『仏教史学研究』六三-一、二〇二〇年)を参照。

(16) 黒須利夫「七寺・七廟考——七寺盂蘭盆会の成立——」(あたらしい古代史の会編『王権と信仰の古代史』、吉川弘文館、二〇〇五年)。

(17) 内田敦士前掲注(14)論文。

(18) 『続日本紀』宝亀三年(七七二)四月丁巳(六日)条。

(19) 内田敦士前掲注(15)論文。

(20) 内田敦士「二〇一九年度国史談話会大会記事　日本古代の灌仏会」(『国史談話会雑誌』六〇、二〇一九年)。虎尾俊哉編『延喜式　中』(集英社、二〇〇七年)は、香水を汲むために用いる杓に関する史料の読解を誤っており、小松茂美編『日本の絵巻8　年中行事絵巻』(中央公論社、一九八七年)にも、仏像が置かれる場所などについて、誤った説明がみられることなどを指摘した。

天平二〇年の救護身命経一〇〇巻写経事業と国家仏教

ブライアン・ロウ

はじめに

天平二〇年（七四八）六月下旬から七月中旬にかけて、救護身命経一〇〇巻の書写が行われた[1]。本稿ではこの写経事業の書写過程を検討し、その政治的な意義を考察する。そして、この写経事業は著名な一〇〇部最勝王経と、あまり注目されていない梵天神策経の書写と深く関連していると論じる。この三つの写経事業によって、国家と仏教の関係の再考を少し試してみたい。

一　救護身命経

天平二〇年の救護身命経の書写過程

管見の限りでは天平二〇年の救護身命経の間写に関する文書は表1のように一七点が残っている[2]。これらの史料によって、写経の進捗状況を表2のように丁寧に追っていくことができる。救護身命経一〇〇巻写経事業に関する初見は、天平一八年から二一年までに写経所が受け取った紙を記録する「間紙納帳」（続々修三七ノ四断簡一（一）、一〇ノ二六八）に次のように示されている。(3)

六月廿六日納色紙八十九張 救護身命経百巻且来所

表1　天平二〇年の救護身命経書写の関係史料

番号	史料名	掲載箇所
一	間紙納帳	続々修三七ノ四断簡一（一）、一〇ノ二六七～二六八
二	間紙充帳	正集一八断簡三裏、三ノ一〇四～一〇五
三	間写手実	正集一二断簡四裏、二四ノ五一七 続々修二三ノ四断簡二八（一）、一〇ノ三一二～三一三
四	間経校帳	続々修二六ノ一〇断簡一（四）、九ノ六三七～六三八
五	間校校帳	続々修二六ノ七断簡一、一一ノ一六～一八
六	間紙検定并便用帳	正集四二断簡一（二～三）裏、九ノ三七六～三七七
七～一六	布施申請	（詳細は表3）
一七	後一切経校帳	続々修二六ノ六断簡八、二四ノ三四五～三四六

又自宮来松染紙十張 表料
又七月二日納麻紙三百七十張　又黄紙卅張
又卅五張 表料 自政所来十張 已上（八十六）卅五張先一切経料便用
右、廿年六月廿七日、依大倭少掾佐伯宿禰宣、所奉写料、
即充装潢能登忍人
知伊福部「男依」
他田水主
志斐「万呂」

この記録によって、天平二〇年六月二六日から七月二日の間に、救護身命経の一〇〇巻を写経するための紙が写経所に届いていたことがわかる。この中に、麻紙が多いが、色紙やこの史料にしか現れない松染紙も含まれていることが気になる。比較的に価値が高い色紙や珍しい松染紙も使われていたことから重要な写経事業だったと推測が

できるだろう。
この紙の多くは光明子から来たようである。例えば、「間紙検定幷便用帳」（正集四二断簡一（三）裏、九ノ三七六）には、

救護身命経一百巻料紙五百五十五張 四百六十九張自宮来者 八十六張先一切経料紙使用

と記されている。「自宮来」の「宮」とは、皇后宮職の略だと思われる(4)。なお、この箇所は取り消しの丸で囲まれており、同じ史料の別の箇所には四六九張が宮から来ているというふうに記されているようにみえ、合計は五五四張となっている。どちらにしても、写経所が受取した紙の約八五パーセントが皇后宮職から届き、その他は「先一切経」という聖武が発願した常写経事業から偶々残ったものだと思われる。また、高級な色紙の全てが皇后宮職からきたと考えると、光明子がこの写経事業に深く関わり、願主だったと思われる。その上、救護身命経の本文（大正八五・一三二六・上）に「当用好紙好筆好墨」と書かれていることに従って、色紙や松染紙を選択した可能性がある(5)。

表2　天平二〇年の救護身命経書写の進捗状況

日付	項目	典拠（表1の史料番号）
六月二六日	色紙・松染紙の納紙	一、六
六月二七日	佐伯今毛人の宣、充装潢	一、七～一六
六月二七日	経師への充紙	二
七月二日	麻紙・黄紙などの納紙	一、六
七月一四日まで	書写	三、一七
七月一六日まで	校正	三、四、五
七月一六日	間紙検定	六
天平勝宝三年二月八日まで	布施申請	七～一六

紙は六月二六日から届いていたが、写経作業の正式な開始は佐伯《さえきの》今《いまえ》毛人《みし》の宣によって六月二七日から始まったことが先の「間紙納帳」引用から確認できる(6)。後述するように、救護身命経だけではなく、一〇〇部最勝王経も六月二七日の宣によって正式に写経事業を

開始し、同時に行われたことは意義がある。「間紙納帳」に書かれていたように、装潢を担当していたのは能登忍《のとのおし》人《ひと》だったが、「間写手実」（続々修二三ノ四断簡二八（一）、一〇ノ三一二〜三一三）によると、春日虫万呂《かすがのむしまろ》も手伝っていたようにみえる。「間紙充帳」（正集一八断簡三裏、三ノ一〇四〜一〇五）によれば、佐伯今毛人の宣がでた同日の二七日に経師らへ紙をすぐに配布していた。

「間写手実」（正集一二断簡四裏、二四ノ五一七、続々修二三ノ四断簡二八（一）、一〇ノ三一二〜三一三）からみると、表6のように一四名の経師が七月一四日ごろまでに仕事を完成していたようである。そして、七月一六日までに校正が終わっている、と「間写手実」や「間経校帳」（続々修二六ノ一〇断簡一（四）、九ノ六三六〜六三八）にも記録があり、「間紙検定幷便用帳」（正集四二断簡一（二）裏、九ノ三七七）の最終的なレポートにも同日の一六日が記されているので、その頃に事業が完成したと思われる。

校正・装潢の仕事が終わったら、布施を準備する必要がある。布施申請に関しては一〇点の史料が残っている。大変複雑な史料郡だが、四つのグループに分けて説明することができる。グループとは、その布施申請文書中の経典名が一致しているという意味である。また、一つのグループの中に、表3のように再使用しているものと再使用していない史料として分別することができる。より分かりやすくするため、それぞれの文書を史料番号で呼んでいきたい。

例えば、史料九から始めると、救護身命経一〇〇巻、仏説灌頂梵天神策経二巻、理趣経一巻、多心経六六八巻、良弁宣の十一面経一一巻（後に現れる山口人麿宣のと違う）、浴像功徳経二巻、盂蘭盆経二巻、温室経二巻、右遶仏塔功徳経二巻という天平二〇年の写経事業の経典が見られる。[7] 同じグループAの史料七は順番が違うが、経典名が一致している。書き方や訂正からみると再使用されている史料九は草案のようなものだったと思われる。ただし、

表3　布施申請の史料

不再使用

番号	グループ	文　書	日　付	紙　背
七	A	続々修四一ノ五断簡一(一)、一〇ノ五八八～五九二	天平二一年三月以前	空
八	B	続々修四一ノ五断簡一(二)、一〇ノ五九二～五九七	天平二一年三月	東大寺写経所解案(天平二一年二月一五日)
一〇	C	続修別集一五断簡二、三ノ四七一～四七五	天平勝宝二年一二月二三日	空(第5行理趣経についての裏書あり)
一二	D2	続々修四一ノ五断簡二、一〇ノ五九七～六〇一	天平勝宝三年二月八日	史料一一
一三	D1	続修別集一四 三ノ四七八～四八三	天平勝宝三年二月?	空
一五	D1	続々修四一ノ五断簡三(一～二)、一〇ノ六〇四～六〇九	天平勝宝三年二月七日	史料一四

再使用

番号	グループ	文　書	日　付	紙　背
九	A	続々修六ノ一断簡(二〇)裏、一〇ノ六一二～六一四	天平二一年三月以前	寺花厳経疏帳(天平二〇年九月)
一一	C	続々修四一ノ五断簡二裏、一〇ノ六〇二～六〇四続々	天平勝宝二年一二月頃?	史料一二
一四	B	続々修四一ノ五断簡三(二)裏、一〇ノ六〇九～六一二	天平二一年三月頃?	史料一五
一六	D2	続々修一三ノ四断簡(一)裏 一一ノ四七七～四八二	天平勝宝三年二月八日	未写経律論集目録(正倉院文書マルチ支援データベースによると、天平勝宝五年五月七日類収)

経典名の順番を初め、様々な相違もあり、史料七は史料九の完全コピーだといえない。まず、史料七は「東大寺写一切経所解」から始まるが、史料九は「造東大寺司解」である。他の相違も少なくはない。例えば、両方は合計八九〇巻と一致しているが、史料九は

用紙一千四百卌《六十》六張

と記録されており、史料七は

用紙一千五百卌張

と記録されているので、何か計算ミスがあったのかもしれない。そして、救護身命経の写経事業に参加している或る経師の名前が落ちていることにも気が付く。

それらの間違いを直すためかわからないが、グループBの史料八

表4　布施申請の経典・巻数

写経事業名	巻数
救護身命経	一〇〇
灌頂梵天神策経	二
理趣経	一
多心経	七六八
十一面経（良弁宣）	一一
右遶仏塔功徳経	二
浴像功徳経	二
温室経	二
盂蘭盆経	二
合計グループA	八九〇
法花経	八
薬師経	七
合計グループB	九〇五
十一面経（山口人麿宣）	一一
灌頂梵天神策経	三（Aの二巻＋Cのもう一巻）
合計グループC	九一七
合計グループD	九〇五

は史料七の訂正のように見える。例えば、もともとは史料八が史料七と同じ八九〇巻と書かれていたが、それは九〇五巻に訂正されている。これは表4のように法花経と薬師経が加えられていたためであろう。史料八は「起去年六月廿日、尽十二月卅日」までの写経事業の布施物を申請している史料であり、「天平廿一年三月」の日付が記されている。史料八が史料七に基づいて作成されたならば、日付が記されていない史料七と史料九はそれ以前のものであろう。そして、訂正されていない史料一四は草案の史料八の清書にみえる。

グループCは「天平勝宝二年一二月廿三日」に書かれた草案の史料一〇と清書にみえる史料一一から構成されている。両方は経師名が同じ順番に記録されており、これはグループAとBとはまた違う。史料一〇は大日古に指摘されていない訂正も含まれている。よく見ると、後述する梵天神策経に関する訂正が興味深い。まずは、宣を出した佐伯今毛人の名前の右に「故尼公」という名前が淡墨で加筆されている。そして、もともとは二巻になっていた数字が一本だけ後で加筆されたようにみえ、三に訂正された。史料一一はその訂正に従って、

仏説灌頂梵天神策経三巻　依故尼師天平廿年八月二日宣所奉写

と書かれている。史料一一は経師リストの途中で終わっており、そして史料一二を作成するため、再使用されている。

次はグループDである。グループCの巻数は全て九一七巻で、同様にグループDの全ての史料は九〇五巻と一致している。これは理趣経と二番目の十一面経十一巻（山口人麿宣）が落ちているためである。つまり、グループDはグループBの合計と一致しているようにみえるが、実は記録されている事業が若干違う。史料一三には九一七巻から九〇五巻が訂正されており、そして理趣経と山口人麿宣の十一面経十一巻が記されているが、おそらく削除のために合点のようなものが書かれているので、グループCに基づいて作成され、後で合点が加えられたことがわかる。また、史料一三には佐伯今毛人の右に史料一〇と同じように故尼公が淡墨で加筆されているようにみえる。

史料一五は訂正済みの史料一三の情報に似ているが、重要な相違もある。例えば、史料一五には他田水主《おさだのみぬし》、史生阿《あ》刀酒主《とのさかぬし》、三島宗麻呂《みしまのむねまろ》、呉原 生人《くれはらのいくひと》、鴨書手《かものふみて》の名前は自著で書かれているようにみえる。また、経師らの名前の上に合点が書かれているので、実際にチェックリストのように使用されたと思われる。史料一三と史料一五は両方とも再使用されていないことも特徴であろう。

最後はグループD2の史料一二と史料一六については、両方とも、史料一五の天平勝宝三年（七五一）二月七日という最左の日付より一日遅く、天平勝宝三年二月八日になっている。この特徴により、最終的な布施申請だと考えてよかろう。他の細かい相違も表5のようにみえる。史料一六は「未写経帳」を作成するために再使用されたが、史料一二は再使用されなかった。史料一二は記録のための正式な写しだったかもしれない。なぜこのように何回も、訂正や再作成する複雑な行為が必要になったかというと、よくわからないが、何らかの間違いか、不満があったのだろうか、と考えられる。(8)

この写経事業に対して、一つの問題点がまだ残っている。それは一〇〇巻を写経するには五〇〇張が必要となるが、四九五張しか写さなかったようである。つまり、一巻を書写した記録がない。これはただの記入ミスだけでは

表5　布施申請の比較（訂正後の数字に従う）

番号	史料名	巻数	用紙	布（端・丈・尺・寸）	経・校・装・題の人数	日付	著名	期間
七	東大寺写一切経所解	八九〇	一五四〇	四四・三・六	一六・二・二・一	X	X	X
八	東大寺写一切経所解	九〇五	一七三三	五二・一・六	一七・三・二・一	天平二一年三月	X	天平二〇年六月二〇日～一二月三〇日
九	造東大寺司解	八九〇	一四六六	四五・三・九・八	四六（合計）	X	X	X
一〇	造東寺司解	九一七	一八六五	五六・三・五・二	四八・四・三・五	天平勝宝二年一二月二三日	他田水主	天平二〇年七月一日～天平勝宝二年一二月一五日
一一	造東寺司解	九一七	一八六五	五六・三・五	二〇・?・?・?	X	X	X
一二	造東寺司解	九〇五	一七一五	五二・一・三	三一・三・三・三	天平勝宝三年二月八日	他田水主、呉原、三島、史生阿刀	天平二〇年七月一日～天平勝宝二年一二月一五日
一三	造東寺司解	九〇五	一七一五	五二・一・三	二〇・三・三・一	X	X	天平二〇年七月一日～天平勝宝二年一二月三〇日
一四	東大寺写一切経所解	九〇五	一七三三	五三	一七・二・二・一?	X	X	X
一五	造東寺司解	九〇五	一七一五	五二	二〇・三・三・五	天平勝宝三年二月七日	他田水主、呉原酒主、三島宗麻呂、史生阿刀生人。鴨書手（自著）	天平二〇年七月一日～天平勝宝二年一二月一五日
一六	造東寺司解	九〇五	一七一五	五二・一・三	三一・三・三・三	天平勝宝三年二月八日	他田	天平二〇年七月一日～天平勝宝二年一二月一五日

ないことはさまざまな史料から確認ができる。例えば、「間紙充帳」や手実に記録されている紙張数の全てが四九五張に一致しているので、表6のように写経所で九九巻しか写経されなかった可能性が高い。しかし、一〇〇巻が

完成したことは確かである。例えば、「間写手実」（正集一二断簡四裏、二四ノ五一七）によれば、大鳥高人《おおとりのたかひと》は「題卌三巻」を写題し、山辺諸公《やまべのもろきみ》は「題六十七巻」を写題したということで、全体的に一〇〇巻が写題されたことは間違いない。

表6　救護身命経の経師らの写経量

氏名	充紙	写紙	写巻	写題	備考
丸部嶋守	八〇	八〇	一六		
爪工家万呂	三〇	三〇	六		「一巻二張岡屋」
釆女国島	四〇	四〇	八		
賀陽田主	一〇〇	一〇〇	二〇		
大鳥祖足	四五	四五	九		
大鳥高人	一〇	一〇	二	三三	
馬道足	一〇	一〇	二		
古能善	一五	一五	三		
志紀久比麻呂	四〇	四〇	八		
蕤原人万呂	二〇	二〇	四		
山辺諸公	五五	五五	一一	六七	
忍海広次	一五	一五	三		
錦部公万呂	一〇	一〇	二		
杖部子虫	二五	二五	五		
合　計	四九五	四九五	九九	一〇〇	

　表7のように校正に関する史料によっても、同じように一〇〇巻が完成されたと確認ができる。例えば、「間写手実」（続々修二三ノ四断簡二八（一）、一〇ノ三二一～三二三）によって上馬養《かみのうまかい》は「百七巻 用五百卅五枚」、既母建万呂《きものたてまろ》は「卅六巻 用百八十枚」、下道主《しものみちぬし》は「五十七巻 用二百八十五枚」を校正し、これも合計二〇〇巻（校正は二回だから、本当は一〇〇巻）となっている。また、「間校校帳」（続々修二六ノ七断簡（一）、一一ノ一六～一八）にも上馬養は「五百卅五張」、既母建万呂は「百八十張」、下道主は「二百八十五張」と記されているように、一〇〇〇張になっており、これも一〇〇巻が校正されたと確認ができる。この数字は「間経校帳」（続々修二六ノ一〇断簡一（四）、九ノ六三七～六三八）とも一致している。

表7　救護身命経の校生らの校正量

氏名	校（枚）	校（巻）
上馬養	五三五	一〇七
既母建万呂	一八〇	三六
下道主	二八五	五七
合　計	一〇〇〇	二〇〇

　様々な史料によると、九九巻しか写されなかったのに、一〇〇巻が写題・校正されたと

いうことに疑いはない。この事実をどう解釈すれば良いのであろうか。だれがその残りの一巻を写したのであろうか。推測に留まるが、後述するよう、この写経事業に深く関連している光明子自身または阿倍内親王が候補として十分に考えられる。

他の救護身命経の写経事業と疑経としての意識

増尾伸一郎によると、救護身命経の「多数の書写」がなされ、「盛んに書写、読誦された」というが、実は救護身命経を個別写経事業として写すことが非常に珍しく、殆どの救護身命経に関する史料は他の個別写経事業の間写でなく、一切経の常写に関連するものか、右の天平二〇年の救護身命経の写経事業と関連しているものである。(9) 前述したように布施の重なり合いが多かったので、写経数も多く見えたかもしれないが、それらの布施申請が同じ写経事業を再計算していただけなので、救護身命経は盛んに多く書写されたと結論づけ難いと筆者は思う。

例外としては天平勝宝年間の私書写経事業が行われた。例えば、「経紙幷表紙用帳」（続々修三七ノ九断簡一七、一一ノ三三〇〜三三一）には、

〈前略〉（九月）十四日二枚 黄紙者 之中二枚破半員矣

又二枚 椽着目録者 又六枚 経黄紙田辺判官救護経料者

〈中略〉

八月十六日黄染表紙五枚 着阿倍判官書者筆

借用事 着目録四巻六尺 又着伴官救護一巻

とみえる。恐らく天平勝宝二年の写経事業に関連する史料だと思われ、この時の判官は田辺真人であったので、彼によっての私書であろう。(10) 管見では、常写以外に確実に確認ができる救護身命経の写経事業は天平二〇年のものと、

この天平勝宝二年の私書に限る。これより他の写経事業が少し残っていても、まだ「多数の書写」と位置付け難いであろう。

　では、なぜ救護身命経が間写としてそれほど写されなかったのか。それは奈良時代では、日本の一切経に入蔵していても、実は疑経として意識されていたからだと思われる。

　中国では救護身命経が昔から疑経かどうか議論されていた。例えば、法経の『衆経目録』（大正五五・一三八・上〜中）は疑惑の経典として記録されている。法経は疑惑の経典が「文理復雑真偽未分」のため、「事須更計」にしている。つまり、真経か偽経かについてはまだ考察する必要があると説明している。しかし、その後、費長房の『歴代三宝紀』をはじめ、多くの目録は救護身命経を竺曇無蘭の翻経にしており、真経だと理解されてきた(11)。

　その後、東アジアの入蔵経の基準に巨大な影響を与えていた『開元釈教録』は竺曇無蘭の翻経について疑問を提起し、また救護身命経を「疑惑再詳録」（大正五五・六七一・中）に掲載したように、不入蔵経として位置付けられた。周知のように、玄昉が請来した『開元釈教録』は日本の一切経の概念に大きな影響があった。その事実は玄昉から借請している経典を記録している天平八年九月二九日より始まる「経本請和上所帳」に「一切《開元釈教》経目録十九巻(12)」、そして、天平九年の「合依開元一切経目録応写《一切》経伍阡肆拾捌巻(13)」と記されていることから分かる。

　しかし山下氏が指摘しているように、五月一日経は『開元釈教録』を基準としつつ、慎重に選別しながら、『開元釈教録』の入蔵経に入っていない別生・疑偽・録外経を五月一日経に含めていた(14)。その一つは救護身命経であった(15)。不入蔵のはずだったと意識していたのにも関わらず、奈良時代の一切経として書写した理由はよくわからないが、玄昉が再請来した経典だったので、玄昉の影響で日本の一切経に入れたからか、中国でも真偽について議論が長くあったからか、というふうに考えられる。

五月一日経の完成後にも、救護身命経に対しての不入蔵の意識が残っていたようである。例えば、天平勝宝三年六月「図書寮一切経目録」（続々修一二ノ一一断簡二、一三ノ一二八）は以下のように記している。

浄度三昧経二巻 綵帙　　法社経二巻

益意経一巻　　救護身命経十部十巻 麁帙

観世音三昧経三部三巻 一巻漆軸 一巻色紙紫綾表　　清浄法行経一巻

高王観世音経二部二巻

右七経、並是古旧録中偽疑之経、周録雖編入、正文理並渉人謀、故此録

面白いことにこの箇所は『開元釈教録』にとても似ているが、少し訂正している。『開元釈教録』（大正五五・六九九・中～下）は以下のように述べている。

浄度三昧経三巻

法社経二巻

毘羅三昧経二巻

決定罪福経一巻

益意経二巻

救護身命済人病苦厄経一巻

最妙勝定経一巻

観世音三昧経一巻

清浄法行経一巻

高王観世音経一巻 或云折刀経
浄度経下十部一十五巻。並是古旧録中
偽疑之経。周録雖編入正文理並渉人謀。
故此録中除之不載

おそらく、「図書寮一切経目録」は図書寮に現存していなかった経典だけを飛ばして、そして、「十部一十五巻」を「七経」と訂正しながら引用したようである。奈良時代では玄昉の帰国以来は不入蔵経として認識しながらも、一切経の中に書写したのであろう。他の史料が明らかにするように、当時の人が「新旧之録家」の「参差」について心配していたので、真経の可能性があるものを棄てるよりも、後の「賢（明）哲」の判断に任せるというポリシーがあったようである。[16]

上を纏めてみると、救護身命経は奈良時代の一切経に入蔵していたが、同時に疑わしい存在だと認識していたようである。そうであれば、なぜ一〇〇部も写経したのであろうか。それを理解するために、当時の写経所の文脈、そして政治的な背景を考察する必要がある。[17]

二　救護身命経と他の天平二〇年写経事業の関係

救護身命経以外の天平二〇年写経事業

天平二〇年の写経については、常写と間写が同時に行われていた。[18] 常写の方は終わりかけという状態だった。[19] 先写一切経の書写は天平二〇年二月ごろ、遅くとも三月中旬に、後写一切経の書写は六月に完了していた。そして、

表8　天平二〇年の間写経事業（案）

薗田 No.	経　名	期　間
九六	瑜伽菩薩地疏	天平一九年七月月～天平二〇年四月
九八	六十華厳経（二〇部）	天平一九年一〇月～天平二〇年四月 天平勝宝四年三月～同年四月
一〇〇	成唯識論疏	天平一九年一一月～天平二〇年三月
一〇一	法華経（一〇〇〇部）	天平二〇年一月～同年四月 同年九月～天平勝宝三年五月
一〇二	八十華厳経（一部）	天平二〇年一月～同年四月
？	四分律六巻抄	同年一月～同年四月*
一〇三	薬師経（一九六部）	同年二月～同年三月
一〇五	最勝王経（百部）	同年六月～同年一〇月
一〇六	救護身命経（百部）	同年六月～同年七月
一〇八	梵天神策経（二部？）	同年八月
一一三	寺花厳経疏	同年九月～天平感宝四月
一〇九	理趣経	天平二〇年一〇月
一一二	右遶仏塔功徳経 浴像功徳経 温室経 盂蘭盆経	天平二〇年一一月
一一一	十一面経（一一部）	天平二〇年一一月
一一〇	因明論疏	天平二〇年一一月
一〇七 一一七	年料多心経	天平二〇年一〇月

＊野尻「天平二十年」による。

五月一日経は五月から充紙が一区切り、休止に近い状態になっていた。結局、天平勝宝二年に再開されたが、当時はこの休止は終了として認識されていたようである[20]。

間写の方は表8に載せたように、大仏開眼会の華厳経講説のための天平一九年より始まっていた二〇部六〇華厳経の書写が天平二〇年にも続き[21]、それ以外にも一月と二月からいろいろな新しい写経事業が始まった[22]。その中、著名な一〇〇〇部法華経の写経大事業が重要である。栄原氏の研究が詳しいが、これは元正の前年から継続していた不予が契機となり、天平二〇年正月から始まった[23]。同年の薬師経一九六巻の写経事業も恐らく同じように太上天皇の病気を平癒するためだったと思われる。つまり、天平二〇年の頭から始まった一番大きな写経事業は元正の不予によるものだったのである。

しかし、写経事業によっての平癒祈願が効かずに、元正は四月二一日に世を去り、一〇〇〇部法華経や二〇部六〇華厳経も含めて、全ての写経事業が中断になった。一〇〇〇部法華経は九月下旬から追善供養という目的に変えて再開し、天平勝宝三年にやっと事業を終えた。その後、天平勝宝四年に二〇部六〇華厳経も再開された。表8に掲載したように、また天平二〇年九月以降、寺花厳経疏をはじめ、他の多くの間写経事業も始まった。[24] 一〇〇〇部法華経が中断している間、三つの写経事業しか行われておらず、それは前述した救護身命経の写経事業や最勝王経と梵天神策経だけであった。一〇〇〇部法華経を再開する前に数ヶ月も経って、そして他の写経事業が始まっていたというのは、その三つの写経事業が重要だったため優先されたに違いない。では、どういう写経事業だったのであろうか。

一〇〇部最勝王経については春名氏が詳しく検討したことがある。[25] 氏によると、合計二〇点の文書が残っており、それらを辿ると、書写は天平二〇年六月から一〇月にかけて行われたことがわかる。[26] もう少し詳しくいうと、六月四日から装潢の準備が始まり、そして、二七日に宣が下さり、三〇日に筆墨などの書写材料が配布され、七月一日から経本の充配によって書写が本格的に開始した。そして、八月から一〇月までに染帙などの作業が続き、一〇月一二日に事務決済などの全てが完了した。救護身命経より少し時間がかかったが、並行した写経事業であった。

最初は、経師三〇人・校生六人・装潢五人が一〇〇部最勝王経のスタッフだったが、何か急いでいた期限付きの写経事業のようだった。そのためか、最終的に、経師五八人・校生八人・装潢六人まで増員したと春名氏が指摘している。何のために急いでいたかというと、一つの手がかりが「間写経疏未奉請注文」（続々修一六ノ一断簡三、一一ノ一七二）に、

最勝王経一巻部　一千巻　右依大倭小掾佐伯宿祢天平廿年六月廿七日　宣所奉写　奉為　春宮

とみえる。いうまでもなく、当時の春宮は一年後に孝謙天皇として即位する阿倍内親王の他にない。春名氏が指摘

するように、聖武は数年前から不健康だったが、元正が太上天皇を占めている間に譲位することができなかったので、元正の死去は聖武の譲位する機会になり、阿倍内親王の即位実現の可能性が初めて見えたことによって、この写経事業が行われたとしている。

また、春名氏はこの写経事業の発起者は光明子だと推測しており、これも救護身命経と共通している。両方の一〇〇部の写経事業は光明子によって六月二七日から正式に始まったという共通点を考えると、偶然だと位置付けにくく、救護身命経も同じように「奉為春宮」だったと十分に考えられる。つまり、両方は光明子が娘の阿倍内親王のための写経事業だったと考えたい。

では、一〇〇〇部法華経が四月から九月下旬まで中断している間、救護身命経と一〇〇部最勝王経の他にもう一つの間写経事業が行われた。

これは天平二〇年八月二日に写された梵天神策経であった。後述するように、梵天神策経は吉凶を卜する経典であり、実際にこの時期に使われていた可能性が高い。梵天神策経は『灌頂経』の一部でもあるが、単経としても流布され、敦煌の単経本が現存している[27]。だが、単経として写経所で書写されたこの天平二〇年八月二日の他の記録がないようであるので、救護身命経と同じように比較的に珍しい写経の選択だった。

「間紙納帳」（続々修三七ノ四断簡一（2）、一〇ノ二六九）の救護身命経記入の次の記入は以下のとおり。

八月二日充装潢黄紙廿一張 先一切経料便用並正用 外表紙一張 先一切経残便用
右、依造寺次（官脱カ）佐伯宿禰八月二日宣、奉写灌頂梵神策経二巻料、
装潢能登忍人

この史料によると、救護身命経と同じように佐伯今毛人の宣によって写経事業が始まったが、この場合は八月二

日の宣であった。二巻料が装潢に充てたが、実際に二巻に写経されたことが「間紙充帳」（正集一八断簡三裏、三ノ一〇五）から確認ができる。

仏説灌頂梵天神策経一巻料紙黄紙廿一張 一張破
充大鳥祖足　志紀久比万呂 已上各一巻
八月二日　他田水主

「黄紙廿一張」の中に恐らく、経師の間違いにより一張は「破」され、大鳥祖足《おおとりのおやたり》と志紀久比万呂《しきのくひまろ》が一〇張の一巻ずつを宣がでた同じ日に完成していた。その日も校正が行われていたことが「間経校帳」（続々修二六ノ一〇断簡一（四）、九ノ六三八）からわかる。

仏説灌頂梵天神策経一巻　用紙十張
校飽田石足　八月二日　他田水主

なぜ一巻だけが校正されたかということをまだ検討する余地があるが、これらの史料と「間紙検定幷便用帳」（正集四二断簡一（二）裏、九ノ三七八〜三七九）から八月二日に装潢、経師、校生の仕事が全て終わったようにみえる。少なくとも、一〇〇部最勝王経が写されていた八月の頭に並行したと確認ができる。

以上の史料のように最初は二巻が写されたように思われるが、布施申請に関連する史料はいつからか三巻に訂正された。布施申請のグループAとBの史料は布施申請以外の史料と同じように佐伯今毛人の宣によって二巻が写したと指摘している[28]。しかし、グループCの史料一〇の紙焼き写真によると、佐伯今毛人の右側に薄い墨で「故尼公」に訂正され、そして「二巻」の記入にもう一本の線が付け足され、「三巻」に訂正されたようにみえる。この史料は天平勝宝二年一二月二三日のもので、故尼公によっての三巻の梵天神策経の写経事業の初見だと思う。グループDの史料一三も同じような訂正が表れている。これ以外の全てのグループCとDの史料から佐伯今毛人の名前が消えており、「依故尼公天平廿年八月二日宣所奉写」としか書かれていない。もともとは佐伯今毛人の宣か故尼公の宣かよくわからないが、その宣は八月二日にでたということが全ての史料に共通している。[29]

「尼公」は尊称だと思われるが、「故尼公」は具体的に誰を指すかわからなくとも、天平二〇年一一月二〇日の因明論疏に関する史料（続々修四〇ノ一断簡三（八）裏、一一ノ四四八）にも現れている。[30] 他の因明論疏に関する史料はただ「尼公」と記録されているだけであるが、天平勝宝元年か二年頃に亡くなったと思われる。[31] 後述するように、光明子か阿倍内親王が吉凶を卜するために、梵天神策経を写経させた可能性が高いので、この写経事業に関わっていた（故）尼公が彼女らに親しい存在だったということが簡単に推測できる。

一〇〇〇部法華経が再開した九月下旬以来、表8のように多くの写経事業も開始され、写経所が忙しくなったが、一〇〇〇部法華経が中断している間に、救護身命経、一〇〇部最勝王経、梵天神策経の写経事業だけが行われていた。全ては聖武、光明子、阿倍内親王と関連しており、セットとして写されたと考えた方がよかろう。

三つの写経事業の内容的な共通点

タイミングと、関わっていた人物が共通していると論じてきたが、それだけではなく、この三つの経典の内容も共通している点がいくつかある。正倉院文書研究では経典の内容を無視する傾向があるが、特に救護身命経や梵天神策経などのような比較的に珍しい経典を選択した理由を理解するために、それらの内容を考える必要もあると思う。

第一は、救護身命経と梵天神策経は五濁悪世に生きている人のために説法された経典だということが共通している。救護身命経（大正八五・一三二五・上）は釈迦の涅槃の時に設定され、入滅する前に、阿難にこのように告ぐ。

吾当入般涅槃。我滅度後五濁悪世中。一切衆生当為悪魔悪鬼嬈擾。吸人精気者求人長短者横来殺人者。阿難汝好勲流布此経。令悪世中一切衆生無有病苦。無有横死。衆邪蠱毒悉皆消滅。

滅度の後「五濁悪世」になり、一切の衆生は悪魔や悪鬼などに襲われるが、この経典を流布したら衆生が守られると説明している。つまり、危険が多い「五濁悪世」に生まれた人のための経典だと位置付けることができる。

梵天神策経（大正二一・五二三・下～五二四・上）には梵王が「神策」の卜術を衆生に教える許可を釈迦に求めて、釈迦がこのように返事する。

善哉善哉。汝能為未来五濁悪世。像法衆生多諸疑惑。信邪倒見不識真正。汝既慈悲欲為説者。嘉也梵王我助汝喜。善也梵王随意演説。

つまり、梵天神策経も「五濁悪世」に生まれた衆生のための適切な方法だから、演説する許可を与える。両方の経典は「五濁悪世」思想と深く関連している。なお、五濁という語が最勝王経には出てくるが、梵天神策経と救護身命経と比べて、それほど中心的なテーマだとは言い難い。

五濁悪世とは戦争、疫病、飢饉などが多く行われたり、人間の能力が衰弱したり、寿命が短くなったりする時代を指す。多くの大乗仏教の経典は五濁悪世こそが仏が出世する時代とする一方、中国では末法思想と深く関連してきた[32]。後述するように、光明子・聖武・阿倍内親王は天平二〇年が特に危急の時期だったので、自分は五濁悪世に生きていた人物だと十分に考えられたのであろう。

第二は「悪魔」や「魅鬼」や「邪魍魎」などのような邪鬼が全て三つの経典によく現れてくる。こういう邪鬼のような存在を退治する経典だと呼んでも過言ではない。例えば、梵天神策経（大正二一・五二五・中）は「汝是不吉人、故使居此間。中有邪魅鬼、恒来相流連。」という御籤があり、「若聞仏呪経、百魅皆消形」が書かれているように、これらの「魅」を消滅する方法を教えている（大正二一・五二四・上）。救護身命経にも先の引用文からわかるように、人の精気を奪たり、殺したりする悪魔を消滅する経典である。また、救護身命経（大正八五・一三二五・上～中）には「若有衆無男無女。有能読誦此経一句一偈者。衆邪悪鬼不得忌近。」や「将二十五菩薩。於悪世中有能読誦此経処。我等昼夜在。其左右擁護是人。衆邪魍魎不得来近」とみえるように読誦する信者を守護する約束が多い。

救護身命経は悪魔、魅鬼、邪魍魎などのようなもの以外に、特に「蠱毒」に注目している。例えば、「此経仏所秘要甚難可得。譬如妙薬。能愈毒病。能辟毒気。能断悪毒。有人将行者。諸悪毒虫衆邪蠱毒欲来侵害。聞此薬気四向散去不敢迴視。此経亦復如是。」のような蠱毒からの侵害を守護する箇所が描かれている。[33]最勝王経（大正一六・四三四・中）も蠱毒についてこのように触れている「一切毒薬皆令止息。一切造作蠱道呪術。不吉祥事悉令除滅。」

当時の日本には蠱毒に対しての恐怖感が強かったようである。養老律令の「賊盗律」はこのように述べている「凡造畜蠱毒。及教令者絞」。[34]増尾氏は奈良時代のいろいろな厭魅や巫蠱の事件を見極めている。[35]例えば、阿倍内親王は称徳天皇として再即位した後、県犬養姉女らが「巫蠱」を用いて天皇を呪い殺そうとした事件が『続日本紀』に記録されている。[36]つまり、当時は実際の蠱毒によっての侵害を恐れていたようであり、救護身命経や最勝王経のような経典の需要があったように思われる。増尾氏が「『救護身命教』が、敦煌や朝鮮、日本などアジア各地に広く流布した背景には経文中に繰り返し強調される「悪魔、衆邪、蠱道（毒）」からの護身という側面に、さまざまな期待が寄せられたことが作用していると思われる」と説明した通りだと筆者も思う。[37]

これらの衆邪や蠱毒の侵害を守護してくるこれらの経典に現れるものの中では四天王が重要な存在であった。救護身命経（大正八五・一三二五・中〜下）には四天王が、

爾時四天神王偏袒右肩右膝著地。一心合掌白仏言世尊。我常於如来滅後。各将眷属案行国界。有能読誦書写受持是経者。我等眷属常来随逐是人。昼夜擁護令不見悪。是人欲行曠野中。我常随逐是人導従前従。勤心擁護不離是人。不令悪魔忌来侵近。常得充足不令飢渴無所之少。可欲求者我等神王悉令供給。如其所願無所之少。何以故。是人能流布此経故。修行善法供養三宝故。不令断絶。

と誓う。また、最勝王経は「四天王護国品」が含まれているように、四天王と護国信仰の一番有名な経典だといえるだろう。この四天王と金光明最勝王経の信仰は当時流行していたことが国分寺正名の「金光明四天王護国之寺」からもわかる。いうまでもなく、国分寺の造営は光明子が深く関わっていた。また、前述した県犬養姉女らの巫蠱の事件については、天皇が最勝王経や四天王などの「不可思議威神力」によって「護助」されたことが記されており、そこは注目するべき点である。このように考えると、蠱毒や厭魅を恐れていた光明子、聖武、阿倍内親王は四天王の守護を求めて、これらの経典を書写させたのであろう。

しかし、長岡氏が指摘するように、最勝王経の四天王は国家を守護するだけではなく、人間の行状も観察するものであり、人王が善業を行わなければ、国土を捨てて災害を起こす。つまり、四天王は護国の役割に限らず、「罪をなす者への罰則を行使する天である」と氏は理解している。(38) つまり、四天王の護国信仰の裏側には、国が四天王に捨てられ、罰則を課される恐怖感もあったのであろう。これら三つの写経事業が終わってから、一年間も経たずに、聖武は太上天皇沙弥勝満として各寺院に施入し、「有不道之主、邪賊之臣」等が地獄に落ち、救護身命経に現れる「四天大王、天竜八部」等に「大禍」を起こさせられ、そして永く子孫を滅させらるように勅願文（大日古、

三ノ二四〇～二四一）を発したことは当時の世界観を反映しているだろう。

三　政治的な意義

このような世界観は政治的な意義があるのであろうか。春名氏は一〇〇部最勝王経の政治的な意義を以下のように説明している。「またこの写経事業の政治史的位置付けに関しては、元正太上天皇崩御により流動的となった当時の政治情勢に対応して、光明皇后が実子阿倍内親王の皇太子としての地位強化のために行ったデモンストレーションであると考えた。元正太上天皇の崩御がその後の政治の動向に大きく影響したことは認めてよく、これが契機となって、天平二十年から翌天平勝宝元年にかけての政局の大規模な推移を引き起こしたという考え方は、首肯されてよいものと考える。一〇〇部最勝王経写経事業は、やがて来る孝謙女帝実現への第一歩だったとも言えよう。」[39]筆者は春名氏が指摘しているように元正の死去と孝謙女帝実現への第一歩という解釈に同意している。その上、春名氏の結論はおそらく、一〇〇部最勝王経だけではなく、救護身命経や梵天神策経にも当てはまるだろう。上述したように、救護身命経は一〇〇部最勝王経と全く同じ日から正式に始まり、一〇〇〇部法華経が中断している間に、この三つの写経事業しか行われず、書写された三つの写経事業は全てが元正の死去がきっかけになっており、阿倍内親王の即位に関していることは間違いないだろう。

しかし、ただのデモンストレーションとすることは少し説明が足りないと感じる。仏教史という分野は全ての宗教を政治的なイデオロギーや権力にすぐ繋ぐ傾向が強いが、大変複雑な現象である宗教を簡単に政治に還元できるのであろうか。特に、多くの写経事業の分析では経典の内容を無視することが多く、そうすると全ての写経事業は大体同じような政治的な意義になってしまう危険性がある。

そのために、政治と経典内容の関係も考える必要があると思う。まず、内容的に考察すると、全ての経典はいろいろな邪鬼や蠱毒からの擁護を約束すると共通している。これらの目的はただのデモンストレーションということだけではなく、光明子や阿倍内親王は邪鬼や蠱毒のような存在が周りにあったと考えていたことが簡単に想像ができ、このような心配は阿倍内親王が非常に脆弱な政治秩序と対面していたことを反映しているのであろう。周知のように、日本の女帝は以前にももちろんいたが、阿倍内親王は初めての女性としての皇太子だったので、前例もない時期だった。そして、聖武も初めて男性として譲位する天皇となっていた。阿倍内親王が即位する前に聖武の皇位継承はどうなるかと光明子が心配していたことは「朕御祖太皇后乃御命以弖朕尓告之尓、岡宮御宇天皇乃日継波加久弖絶奈牟止為。女子能継尓波在止母欲令嗣止宣弖、此政行給岐」という後の孝謙太上天皇の宣命で説明されていることからわかるだろう。(40) また、救護身命経と一〇〇部最勝王経の宣がでた直前に藤原武智麻呂の娘である藤原夫人も亡くなり、聖武が望んでいた藤原の血を引く皇子を産む夫人がもう一人減ってしまったこともあった。(41) その皇位継承に対しての心配の背景はただの政治的な意味だけではなく、光明子・阿倍内親王・聖武が邪鬼や蠱毒などのせいで、この不安な事情になったと考えていたのであろうと推測できる。聖武は神亀四年（七二七）に災いを鬼神のためだと位置付けていた。(42) 疫病や反乱などを経験した不健康な聖武天皇にとってはこの三部の経典に現れるような邪鬼や蠱毒の存在を現実的に感じたのであろう。後にも、県犬養姉女の巫蠱事件のように、称徳天皇の在位中にも蠱毒に対しての危機感が続いていたようである。デモンストレーションの裏側には強い恐怖感もあったのであろう。

また、梵天神策経は吉凶を卜する経典だということを忘れてはいけない。聖武が譲位する直前にどうしたらいいかと卜していたことが十分に考えられる。右に説明したように、二巻が三巻に訂正されたことについてはまだ不明点が残っているが、少なくとも二人、多くても三人が吉凶を卜していたことは間違いない。その一人も阿倍内親王だった可能性が高く、残りの候補者は光明子と聖武だったなら違和感がなかろう。デモンストレーションだけではなく、吉凶を卜する仏教的な儀式を行うほど危険な時期だったということがこの写経事業からも覗くことができる。

おわりに

以上、天平二〇年救護身命経の写経事業の検討をしてきたが、ここでの論点をまとめると次のようになる。

(一) 救護身命経は一〇〇部最勝王経と同日の六月二七日に正式に始まり、そして、一〇〇部最勝王経と並行して梵天神策経の書写が行われていた。一〇〇〇部法華経が中断している間、この写経事業しか行われていなかったので、何か関係があるようにみえると論じた。そのために、セットとして考察してみた。

(二) 一〇〇部最勝王経と同じように、この三部の写経事業はおそらく元正の死去により可能となった阿倍内親王の即位と関連している写経事業群だと推測した。

(三) 内容的に、五濁悪世に生きている人のために邪鬼や蠱毒を擁護する経典であり、これは共通しているテーマだと概説した。また、最勝王経と救護身命経は護国したり、国を捨てたりする四天王がよく現れる経典であることも共通点であった。梵天神策経は卜する経典ということも興味深いことだと説明した。梵天神策経と救護身命経はわりと珍しく、少し問題がある経典だから、これらを選択したことにも意義があると論じた。

(四) 仏教経典を書写していることだけからみれば、全てはイデオロギー的もしくは呪術的な役割のように見え、間違いだとは言えないが、加えて、内容も考察する必要があると論じた。梵天神策経と救護身命経のような書写からは、ただのデモンストレーションというだけではなく、当時の朝廷の脆弱な政治秩序や恐怖感も感じ取られる。護国思想の裏側には、当時の人々の恐怖感もあり、一方、国家は仏教を統制しながら、もう一方では、仏教的な世界観にも統制されていたのであろう。

注

（1）拙稿『*Ritualized Writing: Buddhist Practice and Scriptural Cultures in Ancient Japan*』（University of Hawaii Press、二〇一七年）、一七一〜二〇八頁。

（2）東京大学史料編纂所編『正倉院文書目録一〜九』（東京大学出版会、一九八七〜二〇二三年）と正倉院文書マルチ支援データベースの断簡区別に従った。続々修一七以降は「仮」になっている。

（3）正倉院文書マルチ支援データベースはこの断簡を大日古に従って「写一切経所装潢紙充帳」と呼ぶが、筆者は正倉院文書目録・正倉院文書マルチ支援データベースにより、接続かと推定している正集一断簡六（一）裏の「間紙納帳」という文書名に従った。

（4）「自宮来」という表現の意味については仲洋子「写経用紙の入手経路について」（『史論』三三、一九八〇年）、三八頁を参照。

（5）『大正新脩大蔵経』は「大正」と略し、巻数・頁数・段数を示す。

（6）六月二七日の宣は後述する布施申請（史料九を除く）にも記されている。

（7）もともとは「救護身命経一百巻」の上に薬師経百九十六巻が書かれていたが、消されている。

（8）この時期の寺花厳経疏の布施も一回で済まなかったことは面白い共通点だが、まだ研究する必要がある。寺花厳経疏のに写経事業ついては森明彦「大伴若宮連大淵と天平二十年寺花厳経疏の書写（下）」（『和歌山市史研究』一

五、一九八七年）が詳しい。以下「大伴若宮連大淵」。

（9）増尾伸一郎「『救護身命経』の伝播と〈厭魅蠱毒〉——敦煌、朝鮮の伝本と七寺本をめぐって——」（牧田諦亮監修、落合俊典編『七寺古逸経典研究叢書』、大東出版社、一九九六年）、八一五頁、八三一～八三三頁。以下「『救護身命経』の伝播」。

（10）濱道氏はこれを田辺真人の私書として位置付ける。濱道孝尚「写経所における「私書」の書写——奈良朝官人社会に関する小論——」（『正倉院文書研究』一三、二〇一三年）、一三〇～一三一頁を参照。この史料以外に、「写疏所櫃納検定文案」（続々修一四ノ八断簡二、一一ノ四六）も私書の『救護身命経』写経事業と関連している可能性があるが、まだ検討する余地が残る。

（11）増尾「『救護身命経』の伝播」、八一六～八一八頁、諏訪義純「『救護身命経』解題」（牧田諦亮監修、落合俊典編『七寺古逸経典研究叢書』第二巻、大東出版社、一九九六年）、拙稿「The Scripture on Saving and Protecting Body and Life: An Introduction and Translation」（*Journal of Chinese Buddhist Studies* 27、二〇一四年）、五～七頁を参照。

（12）続々修一六ノ八断簡一（二）、七ノ五四～五六。この史料と玄昉と『開元釈教録』の関係については山本幸男「玄昉将来経典と「五月一日経」の書写」（『奈良朝仏教史攷』、法藏館、二〇一五年）が詳しい。

（13）続々修一ノ六断簡五（一）、一七ノ五一～五二。この史料と五月一日経の関係については山下有美『正倉院文書と写経所の研究』（吉川弘文館、一九九九年）、四〇四～四〇八頁を参照。以下『正倉院文書と写経所』。

（14）山下有美「五月一日経「創出」の史的意義」（『正倉院文書研究』六、一九九九年）、同「五月一日経における別生・疑偽・録外経の書写について」（『市大日本史』三、二〇〇〇年）を参照。以下「別生・疑偽・録外経」。

（15）山下有美「別生・疑偽・録外経」の不入蔵目録経典一覧を参照。

（16）続々修一四ノ六断簡五表・裏、二五、三〇～三一。この文書については山下有美「日本古代国家における一切経と対外意識」（『歴史評論』五八六、一九九九年）、三五～三六頁を参照。

(17) 史料一七（続々修二六ノ六断簡（八）、二四、三四五～三四六）には「一切外救護身命経」と書かれているが、これはおそらく不入蔵という意識を反映しているものではなく、その史料の主に関連している先写一切経と関係ないというふうに意味を取ればよかろう。内容は天平二〇年の救護身命経の五七巻まで写した時点の写経生の書写量を他の史料の中にメモとして記録したようなものである。皆川氏はすでに「外写」は「間写」という意味で使われると指摘している。これも同様の表現であろう。皆川完一「光明皇后願経五月一日経の書写について」（坂本太郎博士還暦記念会編『日本古代史論集』上巻、吉川弘文館、一九六二年、後に皆川完一『正倉院文書と古代中世史料の研究』、吉川弘文館、二〇一二年に再録）。

(18) 天平二〇年の正倉院文書と写経事業については野尻忠「正倉院文書写経機関関係文書編年目録――天平二十年――」（『東京大学日本史学研究室紀要』六、二〇〇二年）、以下「天平二十年」。市川理恵『正倉院写経所文書を読みとく』（同成社、二〇一七年）、一四〇～一四三頁を参照。

(19) 先写一切経書写の完了については春名宏昭「先写一切経（再開後）について」（『正倉院文書研究』三、一九九五年）、一二七頁、後写一切経は山下有美『正倉院文書と写経所』、四三九頁。

(20) 山下有美『正倉院文書と写経所』、四一七～四二〇頁。

(21) 渡辺晃宏「廿部六十花厳経書写と大仏開眼会」（皆川完一編『古代中世史料学研究』上、吉川弘文館、一九九八年）。

(22) 表を作成する時、「薗田目録」以外に野尻「天平二十年」などを参照した。五月二日に大虚空蔵経百巻（薗田No.一〇四）の納紙の記録（続々修三七ノ四断簡一（一）、一〇ノ二六七）があるが、実際に書写された記録が見つからなかったため、掲載しなかった。天平勝宝三年の「廿年料心経残紙便用」という記録（続々修三七ノ四断簡三（四）、一一の一六一）があるが、「天平二十年」の年料心経についてはよくわからない状態である。天平二一年の年料多心経の準備はもう二〇年の一〇月から始まっている。宮﨑健司「年料多心経について」（『日本古代の写経と社会』、塙書房、二〇〇六年）を参照。

(23) 一〇〇〇部法華経に関しては栄原永遠男「千部法華経の写経事業（上・下）」『正倉院文書研究』一〇、一一、二〇〇五・二〇〇九年が詳しい。

(24) 寺花厳経疏については森「大伴若宮連大淵」、宮﨑健司「東大寺の『華厳経』講説」（『日本古代の写経と社会』、塙書房、二〇〇六年）、二二一〜二二五頁を参照。

(25) 春名宏昭「百部最勝王経覚書」（『正倉院文書研究』一、一九九三年）。以下「百部最勝王経」。

(26) 「天平二十年四月二〇日御願」と書かれている史料（続々修一七の四、一六ノ四五七〜九）が存在していることは須田春子が指摘している。須田春子「尼寺・尼僧とその教学」（『律令制女性史研究』、千代田書房、一九七八年）、三六六頁。しかし、この史料の信頼性に対する問題が少なくはないので、保留しておきたい。この問題については栄原永遠男「その後の百部最勝王経」（『奈良時代写経史研究』、塙書房、二〇〇三年）を参照。

(27) 敦煌の写本はスタイン一三二二である。日本では天平勝宝四年奥書の『灌頂梵天神策経』が『奈良遺文』の六二二頁に収録されているが、現在、これは単経かどうかを判断し難い。『梵天神策経』について、Michel Strickmann「New Evidence: The Oldest Buddhist Sequence」（『*Chinese Poetry and Prophecy: The Written Oracle in East Asia*』Stanford University Press, 2005）を参照。

(28) グループAの史料九は佐伯の名前が見えず、「仏説灌頂梵天神策経二巻」のみ記録されているが、史料七には見える。

(29) 天平二〇年九月一四日の寺花厳経疏帳（続々修六ノ一断簡（一四）、未収）の裏に「仏説灌頂梵天神策経」という注記が天地逆に書かれているが、いつ書かれたかが不明で、この写経事業とどのような関係があったかまだ検討する余地がある。

(30) 勝浦令子によると、尼公は比丘尼に対する尊称だと位置付ける。勝浦令子「日本古代の僧と尼」（『日本古代の僧尼と社会』、吉川弘文館、二〇〇〇年）、二四頁。

(31) 川崎庸之「正倉院文書にあらわれたる尼公・大尼公・小尼公の称呼について」（『東京大学史料編纂所報』三、一九六八年）。栄原氏は天平一七年一一月十一日に「難波之時御願大般若経」を再開する宣を出した尼公は光明子の側近の宮人だと位置付けている。『梵天神策経』の宣を出した故尼公は同人物だと考えたらよかろうか。栄原永遠男「難波之時御願大般若経について」（『奈良時代写経史研究』、塙書房、二〇〇三年）を参照。

(32) David W. Chappell「Early Forebodings of the Death of Buddhism」(*Numen 27*、一九八〇年)、一四三〜一四八頁。

(33) 大正八五・一三三五・上。

(34) 井上光貞・関晃・土田直鎮・青木和夫編『日本思想大系3 律令』（岩波書店、一九七七年）、九五頁。

(35) 増尾「『救護身命経』の伝播」、八四二〜八四四頁。

(36) 『続日本紀』神護景雲三年五月二十九日。青木和夫ほか編『新日本古典文学大系15 続日本紀四』（岩波書店、一九九五年）、二三八〜二四一頁。

(37) 増尾「『救護身命経』の伝播」、八四〇頁。

(38) 長岡龍作『日本の仏像――飛鳥・白鳳・天平の祈りと美――』（中央公論新社、二〇〇九年）、二〇九頁。

(39) 春名「百部最勝王経」、三七頁。

(40) 『続日本紀』天平宝字六年六月三日、『新日本古典文学大系14 続日本紀三』、四〇八〜四〇九頁。

(41) 『続日本紀』天平二十年六月四日、『同右』、五八〜五九頁。

(42) 『続日本紀』神亀四年二月二十一日、『新日本古典文学大系13 続日本紀二』、一七八〜一七九頁。

大宝積経勘出注文の再検討
——五月一日経の勘経をめぐって——

宮﨑健司

はじめに

正倉院文書の続修後集第三十七巻[1]に整理された文書が、「校生勘出注文[2]」と題して『大日本古文書（編年文書）』第二十二巻一九二～五頁[3]に宝亀四年（七七三）九月六日類収として翻刻されている。本文書については、すでに調査がおこなわれ、杉本一樹氏によってその内容が報告されている[4]。杉本氏によれば、本文書は天平十二年（七四〇）五月一日付の願文をもつ光明子発願一切経（以下「五月一日経」と称す）の『大宝積経』にかかわるもので、書写時の校正記録とされている。五月一日経の『大宝積経』については天平五年正月からはじまる写経目録[5]に次のようにみえる。

大宝積経十二帙一百廿巻 黄紙及褾　　用二千二百卌二
右経、宮一切経内写

本項目が天平八年五月から同年八月十三日の間にあたることから、『大宝積経』の書写は天平八年八月十三日以前と考えられ、五月一日経のごく初期の書写にあたる。また書写された場所については、「経師等雑物幷給物案[6]」

には「隅院写大宝積経一百廿巻 紙二千二百卅二」とみえ、「写経用紙注文」(7)にも「先所写大宝積経一百廿巻 用紙二千二百卅二張 破紙五十枚」とみえていることから、隅院であったことがわかる。(8) 杉本氏は、本文書について、のちの五月一日経の写経事業が多数の人員を動員して精力的にすすめられたのに対して、「まだ小さな規模にとどまっていた時期の仕事ぶりをうかがわせ」る史料であると評されている。そして、それらの成果を踏まえて『正倉院文書目録』(9)では、文書名を大宝積経勘出注文(以下、「勘出注文」と略称する)として天平八年のものとしている。

ところが勘出注文の内容を詳細にみていくと、写経時における単なる本経(書写時の手本)と新写本との校正に関するものとはみなしがたいように思われる。例えば、勘出注文で字句が脱していると註記され、事実そうであるにもかかわらず、伝存する五月一日経ではその部分が脱したままになっているものがある。もし写経時の校正なら、当然、修正されてしかるべきものといえるが、修正されていないのが不審に思われるのである。そこでその内容を詳しくみていくとともに、伝存する五月一日経を確認しつつ、勘出注文の再検討を試みたいと思う。

一　勘出注文の内容とその書式

まず勘出注文の書誌情報を示すことにしたい。『正倉院文書目録』によれば、楮紙二紙からなり、折界が施されているとする。法量は縦二九・五糎、紙幅は第一紙が五九・〇糎、第二紙が五一・九糎になっている。そして、右端は約三・〇糎の空白があって下端は破損し、左端も約二七・〇糎の余白があって、新補軸に約七糎巻き付けられている。紙背は空、つまり未使用で、全体は一筆で記されている(図1)。一筆であることから『大宝積経』全一二〇巻を一人で勘出したものと思われる。煩瑣を避けず全文を掲げると次のとおりである。

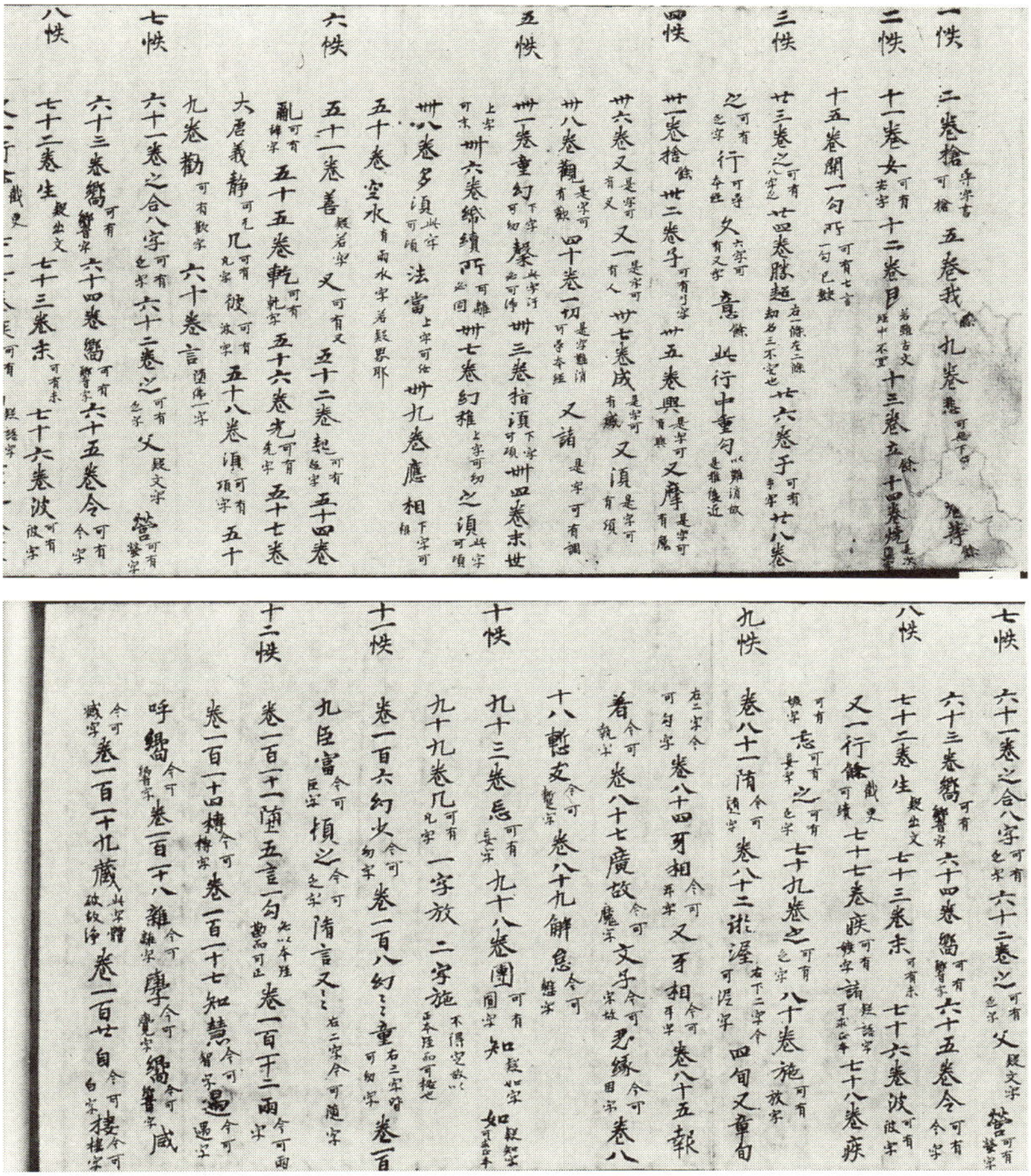

図１　続修後集第37巻・部分（正倉院宝物）

一帖　二巻槍 尋字書可槍　五巻我 余　九巻悲 可無下心　十巻等 余

二帖　十一巻女 可有安字　十二巻戸 若雖古文経中不宜　十三巻立 余　十四巻焼 是次堕字

十五巻開一勾所 可有七字一勾已缺

三帖　廿三巻之 可有八字乏　廿四巻勝超 右一条左二条却名三不定也　廿六巻于 可有手字　廿八巻

之 可有乏字　行 可尋本経　久 六字可有又字　意 余　此行中重勾 以難消故是推後近

四帖　卅一巻捨 余　卅二巻子 可有了字　卅五巻興 是字可有與　又摩 是字可有魔

卅六巻又 是字可有叉　又一 是字可有人　卅七巻成 是字可有威　又湏 是字可有頃

卅八巻観 是字可有歓　四十巻一切 是字難消可尋本経　又諸 是字可有調

五帖　卌一巻童幻 下字可幼　槃 此字汗必可浄　卌三巻指湏 下字可頃　卌四巻末世

上字可末　卌六巻絣続所 可離必固　卌七巻幻稚 上字可幼　之湏 此字可頃

卌八巻多湏 此字可頃　法当 上字可汝　卌九巻応相 下字可根

五十巻空水 有両水字若疑界耶

六帖　五十一巻善 疑若字　叉 可有又　五十二巻起 可有超字　五十四巻

亂 可有辞字　五十五巻乾 可有乾字　五十六巻光 可有先字　五十七巻

大唐義静 可无　几 可有凡字　彼 可有波字　五十八巻湏 可有項字　五十

九巻勧 可有歓字　六十巻言 堕仏一字

七帖　六十一巻之合八字 可有乏字　六十二巻之 可有乏字　父 疑文字　営 可有蛍字

六十三巻嚮 可有響字　六十四巻嚮 可有響字　六十五巻令 可有今字

八帖　七十二巻生疑出文　七十三巻末可有未　七十六巻波可有彼字　七十八巻疾
又一行余截更可続　七十七巻疾可有嫉字　諸疑語字可求正本　七十八巻疾
可有嫉字　忘可有妄字　之可有乏字　七十九巻之可有乏字　八十巻施可有放字
九帖　巻八十一陏今可随字　巻八十二湪渥右下二字今可泥字　四旬又章旬
右二字今可勾字　巻八十四牙相今可年字　又牙相今可年字　巻八十五報
着今可執字　巻八十七広故今可魔字　文子今可字故　忍縁今可因字　巻八
十八塹犮今可蹔字　巻八十九解怠今可懈字
十帖　九十三巻忘可有妄字　九十八巻团可有圓字　知疑如字　如疑知字可求正本
九十九巻几可有凡字　一字放　二字施不得定故以正本経而可格也
十一帖　巻一百六幻少今可幼字　巻一百八幻〃〃童右三字皆可幼字　巻一百
九臣富今可巨字　頓之今可乏字陏言又〃〃　右二字今可随字
十二帖　巻一百一十一堕五言一勾必以本経勘而可正　巻一百一十二両今可両字
巻一百一十四榑今可搏字　巻一百一十七知慧今可智字　遏今可遇字
呼嚮今可響字　巻一百一十八雑今可離字　学今可覚字　嚮今可響字　咸
今可慼字　巻一百一十九蔵此字体破故浄　巻一百廿自今可白字　棲今可棲字

勘出注文による指摘は、十二帖すべてにわたり、総巻数は六十九巻、全一〇四項目の註記がみられる。その書式は、冒頭に帖番を記し、次に巻次が示され、それにかかわる註記が施されるというものである。註記の仕方は、巻次に続いて勘出対象である文字が記され、その下に小字でおおむね双行註の形で註記している。巻次の表現にはやや不統一がみられ、おおむね「〇巻」と記すが、九帙・十一帙・十二帙は「巻〇」としている。なお勘出注文の註記者が他者へ校勘の内容を伝えることを目的とするならば、該当箇所が各巻のどの部分に当たるのか細かく指示する必要があるように思われるが、ここではそのような細かな指示はあまりみられない。

さて、校勘内容はおおむね定型の書式によって示されているようで、その内容をもとに分類すると、Ⅰ誤字、Ⅱ脱字、Ⅲ余字、Ⅳ疑義、Ⅴ要校訂、Ⅵその他の六つにわけることができる。

Ⅰは誤字の指摘であり、それは七十六箇所にのぼる（表Ⅰ）。その記載は、例えば、巻第十一では「女可有安字」（Ⅰ1）[10]と記され、本文中の「女」が誤字であり、「安」と修正すべきであることを示すと思われる。書式としては「可有〇字」とするものがもっとも多いが、他に「可有〇」（巻第五十一「叉可有叉」：Ⅰ31）・「此字可〇」（巻第四十七「之須此字可頃」：Ⅰ33）・「是字可有〇」（巻第三十五「興是字可有與」：Ⅰ35）・「上字可〇」（巻第四十四「末世上字可末」：Ⅰ43）・「下字可〇」（巻第四十一「童幻下字可幼」：Ⅰ46）・「今可〇字」（巻第八十一「隋今可随字」：Ⅰ74）などの書き方もみられる。

修正対象となる文字は一文字が圧倒的に多いが、二文字以上のものもあり、巻第二十三には「之可有八字乏」（Ⅰ29）とみえ、これは八箇所の「之」について修正を求めるものである。また巻第四十七には「之須此字可頃」（Ⅰ33）とあり、修正文字は「須」であるが、わざわざその上の「之」も添えている。これは一文字だけでは該当箇所がわかりにくいため修正箇所が特定できるようになされた措置かとも思われる。さらに珍しい事例としては巻第九の「悲可無下心」（Ⅰ75）のように、省画によって誤字修正を示す事例もみられる。

Ⅱは脱字の指摘であり、それは四箇所ある（表Ⅱ）。その記載は、例えば、巻第十四では「焼是次堕字」（Ⅱ1）と記され、本文中の「焼」の次の文字に脱字があることを示すと思われる。その書式は「堕字」「堕〇字」といったものである。また偈文などの複数文字の脱落を指摘するものもあり、巻第十五には「開一勾所可有七字一勾已缺」（Ⅱ3）と記され、

表Ⅰ　誤字

番号		巻次	対象	修正	所在
Ⅰ	1	11	女	安	聖語蔵
Ⅰ	2	26	于	手	未詳
Ⅰ	3	28	之	乏	未詳
Ⅰ	4	32	子	了	聖語蔵
Ⅰ	5	52	起	超	未詳
Ⅰ	6	54	亂	辞	未詳
Ⅰ	7	55	乾	乾	未詳
Ⅰ	8	56	光	先	未詳
Ⅰ	9	57	几	凡	未詳
Ⅰ	10	57	彼	波	未詳
Ⅰ	11	58	湏	項	未詳
Ⅰ	12	59	勧	歓	未詳
Ⅰ	13	61	之	乏	聖語蔵
Ⅰ	14	62	之	乏	聖語蔵
Ⅰ	15	62	営	蛍	聖語蔵
Ⅰ	16	63	嚮	響	聖語蔵
Ⅰ	17	64	嚮	響	聖語蔵
Ⅰ	18	65	令	今	未詳
Ⅰ	19	76	波	彼	未詳
Ⅰ	20	77	疾	嫉	未詳
Ⅰ	21	78	疾	嫉	未詳
Ⅰ	22	78	忘	妄	未詳
Ⅰ	23	78	之	乏	未詳
Ⅰ	24	79	之	乏	未詳
Ⅰ	25	80	施	放	未詳
Ⅰ	26	93	忘	妄	未詳
Ⅰ	27	98	団	円	未詳
Ⅰ	28	99	几	凡	九州国立博物館
Ⅰ	29	23	之	乏	未詳
Ⅰ	30	28	久	又	未詳
Ⅰ	31	51	叉	又	未詳
Ⅰ	32	73	末	未	未詳
Ⅰ	33	47	之湏	頃	聖語蔵
Ⅰ	34	48	多湏	頃	安田文庫旧蔵
Ⅰ	35	35	興	與	聖語蔵
Ⅰ	36	35	摩	魔	聖語蔵
Ⅰ	37	36	又	叉	聖語蔵
Ⅰ	38	36	一	人	聖語蔵
Ⅰ	39	37	成	威	聖語蔵
Ⅰ	40	37	湏	頃	聖語蔵
Ⅰ	41	38	観	歓	聖語蔵
Ⅰ	42	40	又諸	調	聖語蔵
Ⅰ	43	44	末世	末	聖語蔵
Ⅰ	44	47	幻	幼(幼)	聖語蔵
Ⅰ	45	48	法当	汝	安田文庫旧蔵
Ⅰ	46	41	童幻	幼	聖語蔵
Ⅰ	47	43	指湏	頃	未詳
Ⅰ	48	49	応相	根	聖語蔵
Ⅰ	49	82	淤渥	泥	未詳
Ⅰ	50	82	四旬又章旬	勾	未詳
Ⅰ	51	84	牙相	乎	未詳
Ⅰ	52	84	牙相	乎	未詳
Ⅰ	53	85	報着	執	未詳
Ⅰ	54	87	広故	魔	未詳
Ⅰ	55	87	忍縁	因	未詳
Ⅰ	56	88	暫友	暫	未詳
Ⅰ	57	89	解怠	懈	未詳
Ⅰ	58	106	幻少	幼(幼)	未詳
Ⅰ	59	109	臣富	巨	未詳
Ⅰ	60	109	頓之	乏	未詳
Ⅰ	61	109	隋言又〃〃	随	未詳
Ⅰ	62	112	両	両	聖語蔵
Ⅰ	63	114	榑	搏	香雪美術館
Ⅰ	64	117	知慧	智	聖語蔵
Ⅰ	65	117	過	遇	聖語蔵
Ⅰ	66	117	呼嚮	響	聖語蔵
Ⅰ	67	118	雑	離	聖語蔵
Ⅰ	68	118	学	覚	聖語蔵
Ⅰ	69	118	嚮	響	聖語蔵
Ⅰ	70	118	咸	滅	聖語蔵
Ⅰ	71	120	自	白	五島美術館
Ⅰ	72	120	椄	棲	五島美術館
Ⅰ	73	87	文子	字	未詳
Ⅰ	74	81	随	随	未詳
Ⅰ	75	9	悲	非	未詳
Ⅰ	76	108	幻〃〃童	幼	未詳

表Ⅱ　脱字・脱行

番号		巻次	対象	所在
Ⅱ	1	14	焼	聖語蔵
Ⅱ	2	60	言	未詳
Ⅱ	3	15	開一勾所	聖語蔵
Ⅱ	4	111	堕五言一勾	聖語蔵

表Ⅲ　余字

番号		巻次	対象	所在
Ⅲ	1	5	我	未詳
Ⅲ	2	10	等	未詳
Ⅲ	3	13	立	聖語蔵
Ⅲ	4	28	意	未詳
Ⅲ	5	31	捨	聖語蔵
Ⅲ	6	57	大唐義静	未詳

表Ⅳ　疑義

番号		巻次	対象	修正	註記	所在
Ⅳ	1	51	善	若	疑若字	未詳
Ⅳ	2	62	父	文	疑文字	聖語蔵
Ⅳ	3	77	諸	語	疑語字 可求正本	未詳
Ⅳ	4	98	知	如	疑如字	未詳
Ⅳ	5	98	如	知	疑知字 可求正本	未詳
Ⅳ	6	50	空水	界	有両水字若疑界耶	聖語蔵
Ⅳ	7	72	生	−	疑出文	未詳

偈文冒頭の七字一句が脱落していることを示すものと思われる（後述）。

Ⅲは余字の指摘であり、それは六箇所ある（表Ⅲ）。その記載は、例えば、巻第五では「我餘」（Ⅲ1）とみえ、本文中の「我」が字余りがあることを示すものと思われる。その書式は対象文字に割註で「余」と記すものである。

Ⅳは疑義を示すものであり、それは七箇所ある（表Ⅳ）。その記載は、例えば、巻第五十一では「善疑若字」（Ⅳ1）と記され、本文中の「善」が「若」の誤字ではないかとの疑義を示すものと思われる。その書式はおおむね「疑○字」と記すものであるが、「疑○」（巻第五十：Ⅳ6）とするものもある。

Ⅴは校訂の必要性を指摘するもので、それは四箇所ある（表Ⅴ）。その記載は、巻第二十八では「行可尋本経」（Ⅴ1）と記され、「行」に疑義があるため、「可尋本経」と註記し、「本経」で確かめるよう示すものと思われる。他には巻第九十九には「二字施不得定故以正本経而可格也」（Ⅴ3）とみえ、二文字の「施」について確定しがたいので「正本経」での確認を求めたものと思われる（後述）。さらに巻第二には「槍尋字書可槍」（Ｖ４）とみえ、「字書」で確認するように求めていると思われるが、本経ではなく字書による確認を求めていることから、字形が正しいか否かを問題にしているものかも知れない。なお上述に分類に属さない註記が七箇所みられる（表Ⅵ）。

以上、勘出注文の註記内容を概観してきた。これをみるだけでも勘出注文が単なる書写時の校正とは考え難いように思われる。もし勘出注文が書写時の校正の註記であるとするならば、『大宝積経』の完成までに墨書により丁寧に修正されるべきであろう。そこでその可能性を確認するため、勘出注文と伝存する五月一日経を比較、検討し、

修正痕の有無を検証してみることにしたい。

表Ⅴ　要校訂

番号		巻次	対象	註記	所在
Ⅴ	1	28	行	可尋 本経	未詳
Ⅴ	2	40	一切	是字難消 可尋本経	聖語蔵
Ⅴ	3	99	一字放 二字施	不得定故以 正本経而可格也	九州国立博物館
Ⅴ	4	2	槍	尋字書 可槍	未詳

表Ⅵ　その他

番号		巻次	対象	註記	所在
Ⅵ	1	12	㦾	若雖古文 経中不宜	聖語蔵
Ⅵ	2	24	勝超	右一條左二條 却名三不定也	未詳
Ⅵ	3	28	此行中重勾	以難消故 是推後近	未詳
Ⅵ	4	41	槃	此字汗 必可浄	聖語蔵
Ⅵ	5	46	絺続所	可離 必固	聖語蔵
Ⅵ	6	76	又一行余	截更 可続	未詳
Ⅵ	7	119	蔵	此字体 破故浄	未詳

二　書写時の校正の可能性

五月一日経をはじめ多くの写経において完成までに修正されることはままみられることである。例えば、五月一日経『瑜伽師地論』巻第三十七（大谷大学博物館蔵）についてみてみると誤字・脱字・脱行の修正の痕跡が確認できる（図2）。ただし、この修正が写経生が自らミスに気付いて修正したものなのか、あるいは校生によって勘出され、修正を命じられたものかはにわかには判じがたい。

さて、勘出注文の註記と対応関係が想定される五月一日経『大宝積経』の修正痕らしきものをあげると表Ⅶのように六箇所確認できる。いづれも表Ⅰの誤字修正に対応するものなので、番号は表Ⅰに依拠して付している。

図２－１　誤字修正

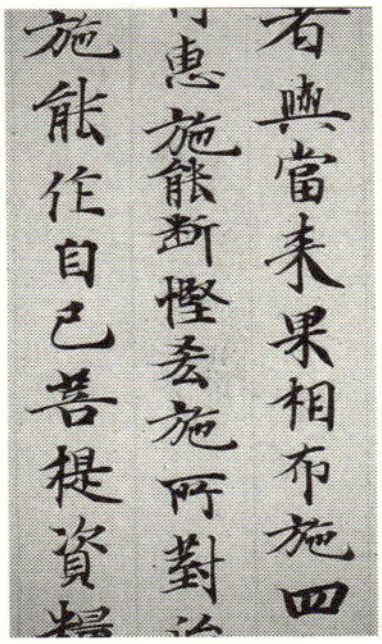

図２－２　脱字修正

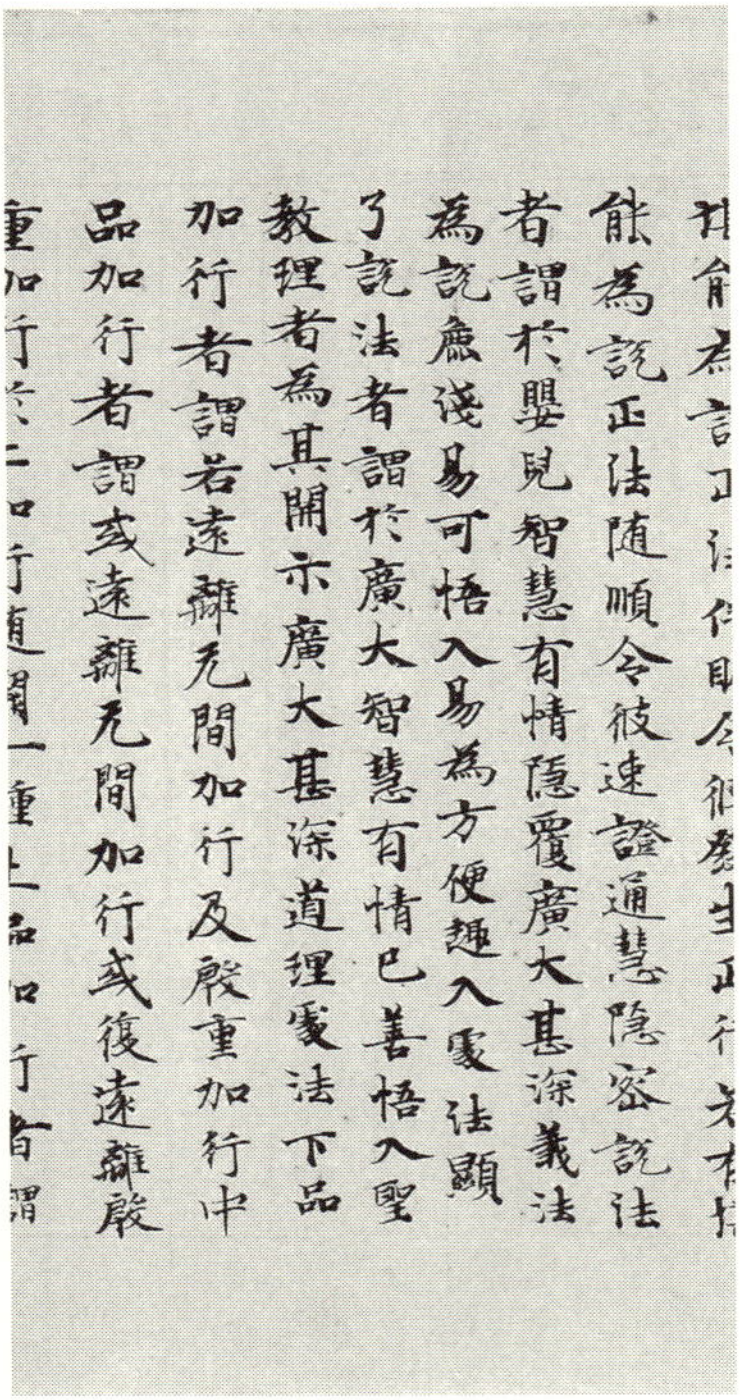

図２－３　脱行修正

表Ⅶ　墨書修正痕

番号		巻次	対象	修正	修正	所在
Ⅰ	37	36	又	叉	補筆	聖語蔵
Ⅰ	46	41	幻	幼	補等	聖語蔵
Ⅰ	14	62	之	乏	補筆	聖語蔵
Ⅰ	28	99	几	凡	補筆	九州国立博物館
Ⅰ	33	47	湏	頃	修正	聖語蔵
Ⅰ	15	62	営	蛍	修正	聖語蔵

図3　巻第36部分

図4　巻第41部分

図5　巻第62部分

図6　巻第99部分

図7　巻第47部分

図8　巻第62部分

巻第三十六の「又是字可有叉」（Ⅰ37）は、「又」の「叉」への修正を指示するものと思われるが、第三紙九行目にみえる「叉」は他に比べて違和感があり、「又」に点を補筆して修正したものではないかと考えられる（図3）。巻第四十一の「童幻下字可幼」（Ⅰ46）も、「幻」の「幼」への修正を指示するものと思われるが、第一紙二十三行目の「幼」も他に比べやはり違和感があり、「幻」に一画補筆して修正したものと考えられる（図4）。巻第六十二と巻第九十九にも同様な補筆と目される事例がみられ、「之可有乏字」（Ⅰ14）、「几可有凡字」（Ⅰ28）とそれぞれみえている。前者の第十四紙二十三行目の「乏」は「之」に、後者の第五紙二十行目の「凡」は「几」にそれぞれ補筆して修正したものと考えられる（図5・6）。また巻第四十七の「之湏此字可頃」（Ⅰ33）は、「湏」の「頃」への修正を指示するものと思われるが、第九紙二十三行目の「頃」を注意深くみると、「湏」の「氵」の上部をスリ消し、さらにその下部に補筆して「頃」に修正したものと考えられる（図7）。巻第六十二の「営可有蛍字」（Ⅰ15）は、「営」の「蛍」への修正を指示するものと思われるが、第十六紙十九行目の「蛍」は、「営」の「呂」を「虫」に修正したものと考えられる[11]（図8）。

誤字の修正と思われる事例を六箇所指摘したが、勘出注文の指摘する誤字修正の七十六箇所に比してたいへん少ないものといわざるを得ない。もちろん六箇所の修正が校正時ではなく、後日のものである可能性もあろう。

これらのことから勘出注文は書写時の校正にかかるものと断定するには躊躇せざるを得ないのである。それでは勘出注文はどのような性格を有するものであろうか。それを検討するため、以下に勘出注文の記載と管見の限りで伝存の確認できる五月一日経の『大宝積経』(12)との対応関係について逐一検討したいと思う。また当該巻の伝存の確認できないものについても現行本との検討によって註記内容を想定しうるものもあるので、その点も次に指摘したいと思う。

三　伝存する五月一日経と勘出注文

まず勘出注文と管見の限りで伝存の確認できた五月一日経の『大宝積経』を註記内容の分類にそって逐次確認していくことにする。(13) なお上述の墨書による修正痕らしき事例については省略するものとする。

〈I　誤字〉

誤字の註記は二十七箇所に及ぶ。そのうち朱書きによって指示通り修正されているものと、そうでないものに大きくわけることができる。

まず朱書きによる修正例をあげると次の十二箇所となる。

巻第十一の「女可有安字」（I1）では、第十一紙二十二・二十四行目に二文字の「女」が「安」に修正されている（図9）。巻第六十一の「之合八字可有乏字」（I13）では、第四紙二十一行目、第六紙十五・十六・十八・十九・二十一

図9　巻第11部分

図10　巻第63部分

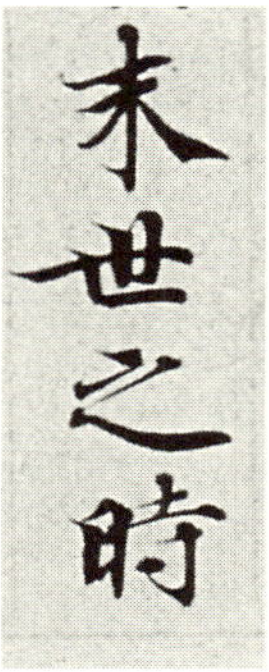

図11　巻第44部分

図12　巻第117部分

図13　巻第32部分

行目、第七紙一・三行目の八字の「之」が「乏」にそれぞれ修正されている。(14) 巻第三十五の「興是字可有與」（Ｉ35）では、第八紙八行目の「興」が「與」に修正されている。巻第三十五の「摩是字可有魔」（Ｉ36）では、第一紙九行目の「摩」が「魔」に修正されている。巻第三十七の「成是字可有威」（Ｉ39）では、第二十三紙九行目の「成」が「威」に修正されている。巻第三十八の「観是字可有歓」（Ｉ41）では、第一紙五行目の「観」が「歓」に修正されている。巻第四十の「諸是字可有調」（Ｉ42）では、第十五紙二十一行目の「諸」が「調」に修正されている。巻第四十九の「応相下字可根」（Ｉ48）では、第八紙二十四行目の「相」が「根」に修正されている。巻第百十七の「知慧今可智字」（Ｉ64）では、第十二紙二十一行目の「知慧」の「知」が「智」に修正されている。ただし両字は通用するので修正する必要性が必ずしもあるとはいえないであろう。巻第百十八の「雑今可離字」（Ｉ67）では、第五紙二行目の「雑」が「離」に修正されている。巻第百十八の「学今可覚字」（Ｉ68）では、第七紙四行目の「学」が「覚」に修正されている。巻第百二十の「自今可白字」（Ｉ71）では、第十紙十三行目の「自」が「白」に修正されている。

次に修正されていないものをみていくことにする。巻第六十三の「嚮可有響字」（Ｉ16）、巻第六十四の「嚮可有響字」（Ｉ17）、巻第百十八「嚮今可響字」（Ｉ69）は、「嚮」を「響」に修正することを指示するものと思われる。Ｉ16は第十紙十三行目（図10）、Ｉ17は第七紙十四行目、Ｉ69は第十一紙十二行目にそれぞれ一箇所づつ「嚮」の記載がみえており、いづれも修正されていない。「嚮」は「響」の同義ともされるので、修正の必要がないと判断したものかも知れない。なお現行本ではいづれも「響」となっている。類例として、巻第百十七の「呼嚮今可響字」（Ⅰ66）があるが、こちらも第二十三紙十九行目に「呼嚮」の記載が一箇所だけみえ、修正されていない。現行本では「呼響」としている。

巻第三十七の「滇是字可有頃」（Ⅰ40）は、「滇」を「頃」に修正することを指示するものと思われる。第十四紙二十二十一・二十三行目および第十五紙十七行目に「滇」の記載が四箇所みえているが、現行本では「頃」の記載は七箇所、「滇」の記載は一箇所だけみえているので、当該巻に「滇」の記載が四箇所あるのは不審であり、修正指示は正しいものと考えられる。しかし現実には修正されてはおらず、その理由はわからない。

巻第四十四の「末世上字可末」（Ⅰ43）は、「末世」の「末」に修正することを指示するものと思われるが、修正文字も「末」としており、不審に思われる。第六紙九行目には確かに一箇所だけ「末世」の記載がみえている（図11）。しかし現行本では「末世」という記載はみられず、「来世」と「未来世」の記載がそれぞれ一箇所みえているのである。この修正指示はおそらく、この二箇所のいづれかにかかわるものではないかと推測され、修正指示の「末」は「来」の誤記の可能性が高いと考えられる。

巻第四十七の「幻稚上字可幼」（Ⅰ44）は、「幻」を「幼」に修正することを指示するものと思われる。第七紙六行目には「幼稚」の記載が一箇所みえており、現行本でも「幼稚」としているので修正の必要はないものと思われ、修正の指示が不審である。巻第百十二の「両今可両字」（Ⅰ62）は、「両」を修正することを指示するものと思われるが、修正の文字も「両」となっており、不審に思われる。第九紙十六行目には「両」の記載が一箇所だけみえているので、これに関わる註記と思われるが、現行本でも「両」としているので修正指示が不審である。両者はあるいは字形に違和感を感じて指示したものかもしれない。

巻第百十四の「榑今可搏字」（Ⅰ63）は、「榑」を「搏」に修正することを指示するものと思われるが、当該文字がみあたらず、現行本でもみあたらない。なお「木」（木偏）と「扌」（手偏）は通用するが、書写者によって書き方が異なることがあるので、それらに起因する註記であろうか[15]。

巻第百十七の「遇今可遇字」（Ⅰ65）は、「遇」を「遇」に修正することを指示するものと思われるが、該当文字がみあたらない。第十九紙二十行目に「過[16]」の記載があり（図12）、現行本では「遇」としており、これに関するものかもしれない[17]。

巻第百十八の「咸今可減字」（Ⅰ70）は、「咸」を「減」に修正することを指示するものと思われるが、第十一紙十三行目、第二十三紙十二行目、第二十四紙八行目および十二行目に「咸」の記載が四箇所みえている。そのうち第二十三紙十二行目の当該箇所は現行本では「感」としている。修正指示の文字は「減」と「冫」はつくものの、現行本に照らして正しい指示と考えられるが、修正されていない。

巻第百二十の「棲今可棲字」（Ⅰ72）は、「棲」を「棲」に修正することを指示するものと思われるが、該当文字はみあたらない。ただし「扌」にするものが、第二紙六行目と第十五紙三行目にみえており、これにかかわるものか。

このほか巻第四十八は安田文庫旧蔵で所在不明で、原品の調査はできていないが、現行本のとの関係からいくつかのことが指摘ができる。「多湏此字可頃」（Ⅰ34）は、「多湏」の「湏」を「頃」に修正することを指示するものと思われるが、現行本には「多頃」の記載が一箇所だけみえているので、これにかかわる誤字修正と思われる。「法当上字可汝」（Ⅰ45）は、「法当」の「法」を「汝」に修正することを指示するものと思われるが、現行本には「汝当」の記載が三箇所みえているので、これにかかわる誤字修正と思われる。

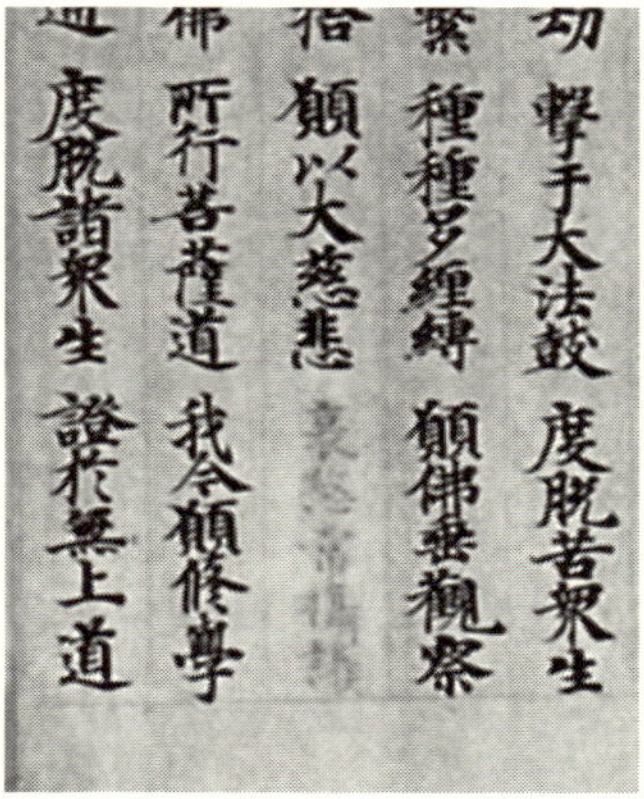

図16　巻第111部分

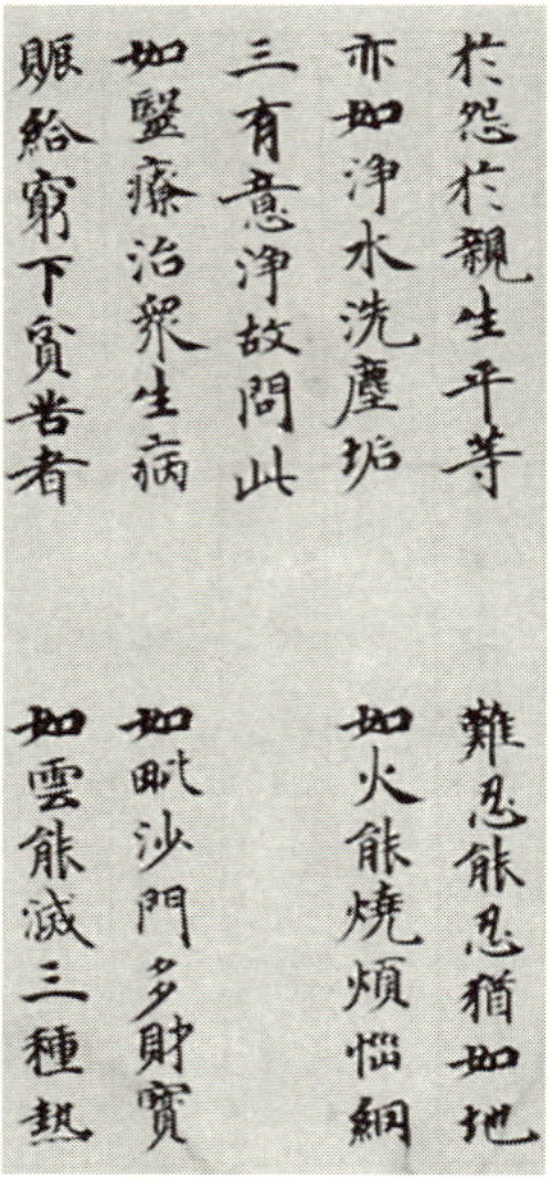

図15　巻第15部分

図14　巻第14部分

誤字註記について、省略した墨書による修正痕を含めて、伝存が確認できるものを対象にした註記は二十七箇所に及び、そのうち半数に近い十二箇所が朱書きにより修正されていることがわかる。さらに墨書による修正と特異な白書による修正（Ⅰ4）[18]、つまり巻第三十二の「子」を「了」に修正するにあたって「一」を白書で抹消するもの（図13）を含めると実に十九例の修正を確認することができる。

〈Ⅱ　脱字〉

脱字の註記は三箇所にある。巻第十四の「焼是次堕字」（Ⅱ1）は、「焼」の次に文字が脱落することを指摘するものと思われる。第八紙十八行目末に「…焼」とあり、次行「毒難…」と続いている（図14）が、現行本では「焼衆《諸》[19]毒難」となっているため、「衆《諸》」の脱字を指摘するものと考えられる。巻第十五の「開一勾所可有七字一勾已缺」（Ⅱ3）は、偈文冒頭の七字一句の脱落を指摘するものと思われる。実際に上述のとおり当該巻の第二紙六行目下段の七字一句が欠落しているが、修正されず空白のままとなっている（図15）。一方で巻第百十一の「堕五言一勾必以本経勘而可正」（Ⅱ4）は、五言一句の脱落を指摘するものと思われるが、第二十一紙二十二行目四段目に欠落がみられ、ここには朱書きで「哀愍常摂護」と補筆されている（図16）。ただしその文言は現行本が「度脱生死海」[20]とするのとは異なっている。

脱字註記は三箇所であるが、一箇所だけが朱書きによる修正がなされている。とくに偈文の七字一句の脱字は、みるからに不自然な印象があり、書写当初の校正であれば、必ず修正されていたと思われる。

〈Ⅲ　余字〉

余字の註記は二箇所にある。巻第十三「立余」の（Ⅲ3）は「立」の、巻第三十一の「捨余」（Ⅲ5）は「捨」のそれぞれ重複を示すものと思われるが、抹消などの痕跡はみられず[21]、余字註記の実情については不明といわざるをえない。

〈Ⅳ　疑義〉

図17　巻第62部分

疑義註記は二箇所にある。巻第六十二の「父疑文字」（Ⅳ2）は、「父」の字に疑義を示すものと思われるが、第十五紙十一行目の「父」の字形がやや不自然にみえる（図17）ので、この点を指すものかもしれない。巻第五十の「空水有両水字若疑界耶」（Ⅳ6）は、「空水」の二つの「水」が「界」ではないかとの疑義を示すものと思われる。第二紙十一行目から十二行目にかけて二箇所の「虚空水」の記載がみえる（図18　囲み線は著者、以下同じ）が、現行本にはみえず、二箇所の「虚空求」の記載がみえている。ここに関わる註記ではないかと思われる。「求」と記すべきところを「水」と誤写し、それへの疑義であったと考えられるが、修正をなぜ「界」とするかは不明である。

疑義註記については、いずれも修正されていないが、それを確認して修正なしとなったのか

則一切無礙無障等虚空水若能等彼虚空
水者則不繫屬欲界色界及無色界若於諸

図18　巻第50部分

復次舎利子云何如来於一切一切及一切
種一切念無有退減何以故由諸如来念無

図19　巻第40部分

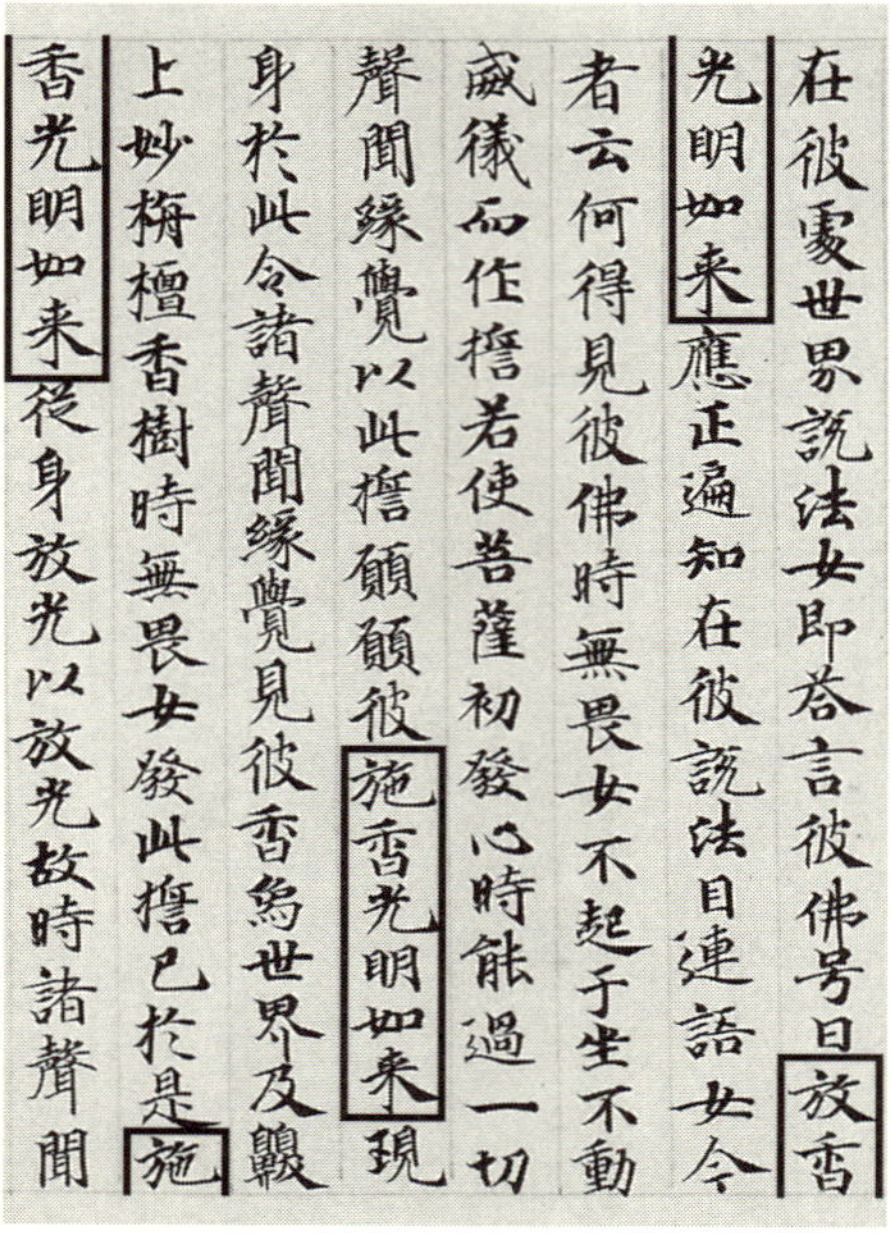
在彼處世界説法女即荅言彼佛号曰放香
光明如来應正遍知在彼説法目連語女令
者云何得見彼佛時無畏女不起于坐不動
威儀而作誓若使菩薩初發心時能過一切
聲聞縁覺以此誓願願彼施香光明如来現
身於此令諸聲聞縁覺見彼香爲世界及齅
上妙栴檀香樹時無畏女發此誓已於是施
香光明如来從身放光以放光故時諸聲聞

図20　巻第99部分

どうかは不明である。

〈V　要校訂〉

要校訂註記は上述のごとく二箇所にある。巻第四十の「一切是字難消可尋本経」（V2）は、「一切」の文字に疑義をもち、消去と断ずるには至らず、本経を確認すべきことを指示しているものと思われる。第六紙十一～十二行目に「一切一切及一切種一切」とみえている（図19）が、現行本では「一切一法及一切種一切」[22]としているので、この点に関する註記と考えられる。巻第九十九の「一字放二字施不得定故以正本経而可格也」（V3）は、「放」一字と「施」二字について、断定的に修正するまでには至らず、「正本経」で確認する旨を指示するものと思われる。第七紙六～七行目に「放香光明如来」が一箇所と同十行目と十二～十三行目に「施香光明如来」が二箇所がみえている（図20）ので、この部分を指摘したものであろう。おそらく「放香光明如来」と「施香光明如来」がみえることに不審をいだき、いづれかが誤写ではないかと考えたのであろう。現行本によれば、書写内容は正しく修正不要ということになり、実際に修正はされていない。また対校すべき本を「正本経」としている。「本経」なら書写時の手本であるが、「正本経」は「証本経」とも考えられ、いわゆる本経ではない善本による調査を求めたものではないだろうか（後述）。

要校訂註記については、いづれも修正されていないが、疑義註記と同様にそれを確認して現状になっているのかどうかは不明である。

〈Ⅵ その他〉

その他註記は三箇所にある。巻第十二の「〓若雖古文経中不宜」（Ⅵ1）は、その意味するところは難解だが、「〓」について、当該文字がもし古文であったとしても経中の文字として適切でないと指摘したものであろうか。該当箇所がみあたらない。なお第二紙二十三行目で「限」が朱書きで「眼」に修正されているが、この点と関係あるものであろうか。巻第四十一の「槃此字汗必可浄」（Ⅵ4）は、「槃」の文字が汚れているので、必ず浄書すべきであると指摘したものであろう。やはり該当箇所がみあたらない。巻第四十六の「絣続所可離必固」（Ⅵ5）は、料紙の継目が離れようとしているので離れないように必ず固定（接着）するべきであると指摘したものと思われるが、それらしい痕跡を画像からは確認することはできなかった。

その他註記からは、註記者が新写本を実見していることはわかるが、いつの段階のものであるかは不明といわざるをえない。

さてⅣ疑義・Ⅴ要校訂・Ⅵその他の註記の検討を通して感じることは、註記者が仏典内容について相当な知識をもっていたか、それを検討するだけの資料（仏典）をもっていたことが想像される点である。

以上が勘出注文と伝存する五月一日経の『大宝積経』との対校結果である。次に伝存しない勘出註記についてみていくことにしたい。

四　伝存しない五月一日経と勘出注文

次に管見の限りで伝存の確認できなかった五月一日経に関する勘出注文の註記について、註記内容の分類にそって現行本との対比を通してして逐次確認していくことにする。

〈I　誤字〉

誤字註記は四十九箇所にある。

巻第二十六の「于可有手字」（I2）は、「于」を「手」に修正することを指示するものと思われるが、現行本には「手」の記載がなく、「于」の記載が一箇所だけある。巻第二十八の「之可有乏字」の（I3）は、「之」を「乏」に修正することを指示するものと思われるが、現行本には「乏」が一箇所だけみえることから、これに関わる誤字修正と考えられる。巻第五十二の「起可有超字」の（I5）は、「起」を「超」に修正することを指示するものと思われるが、現行本には「超」の記載が一箇所だけみえていることから、これに関わる誤字修正と考えられる。巻第五十八の「須可有項字」（I11）も、「須」を「項」に修正することを指示するものと思われるが、現行本には「須」の記載が一箇所だけみえるのだが、「項」の記載は存在しないので、この指摘は不明である。巻第七十八の「之可有乏字」（I23）と巻第七十九の「之可有乏字」（I24）は、いずれも「之」を「乏」に修正することを指示するものと思われるが、現行本には「乏」の記載がそれぞれ一箇所だけみえることから、これに関わる誤字修正と考えられる。巻第九十八の「団可有円字」（Ⅰ27）は、「団」を「円」に修正することを指示するものと思われるが、現行本には「円」の記載が一箇所だけみえることから、これに関わる誤字修正と考えられる。巻第百六の「幻少今可幻字」（Ⅰ58）は、「幻少」の「幻」を「幼」に修正することを指示するものと思われるが、現行本には「幼少」の記載が一箇所だけみえることから、これに関わる誤字修正と考えられる。

巻第百九の「臣富今可巨字」（Ⅰ59）は、「臣富」の「臣」を「巨」に修正することを指示するものと思われるが、現行本には「巨富」の記載が一箇所だけみえることから、これに関わる誤字修正と考えられ、「巨」は「巨」を意味していることになる。巻第百九の「頓之今可乏字」（Ⅰ60）は、「頓之」の「之」を「乏」に修正することを指示するものと思われるが、現行本には「頓乏」の記載が一箇所だけみえることから、これに関わる誤字修正と考えられる。

〈Ⅱ　脱字〉

脱字註記は一箇所にある。

巻第六十の「言堕仏一字」（Ⅱ2）は、「言」の前後いづれかに「仏」が脱字していることを指摘するものと思われる。現行本では「言仏」の記載が一箇所だけみえることから、これに関わる脱字の指摘と考えられる。

〈Ⅲ　余字〉

余字註記は四箇所にある。

巻第五の「我余」（Ⅲ1）は「我」が、巻第十の「等余」（Ⅲ2）は「等」がそれぞれ字余りであることを示すと思われるが、現行本ではそれぞれの記載が多数みえるので、どこを指すかは不明である。巻第二十八「意余」（Ⅲ4）も、「意」が字余りであることを示すと思われるが、現行本では「意」が多数みえることから、どこを指すかは不明である。ただし「一切法離心意意識」という記載が一箇所あり、この「意意」に対する疑義を示すものかもしれない。巻第五十七の「大唐義静可无」（Ⅲ6）は、「大唐義静」の記載の削除を指示するものと思われる。現行本では首題後に訳者として「大唐三藏義浄訳」と一箇所だけみえていることから、これに関わる指摘と思われる。あるいは「静」の誤字を指摘するものかも知れない。

〈Ⅳ　疑義〉

疑義註記は五箇所にある。

巻第五十一の「善疑若字」（Ⅳ1）は、「善」を「若」の、巻第七十七の「諸疑語字可求正本」（Ⅳ3）は「諸」を「語」の、巻第九十八の「知疑如字」（Ⅳ4）は「知」を「如」の、巻第九十八の「如疑知字可求正本」（Ⅳ5）は「如」を「知」の誤写ではないかと疑義を示すものと思われるが、いづれも現行本には多数みえ、どこを指すかは不明である。なおⅣ3は両字とも言偏であり、Ⅳ5も両字とも旁が同じであることから、誤字となっていた可能性は十分に考えられる。またいづれも「正本」で調べることを求めているが、奈良朝写経で延暦年間初期の朱筆校訂をもつものがあり、その朱奥書には「新羅正本」あるいは「唐正本」で校勘したという記載がみえている。[23] つまり、「正本」は「証本」といえ、いわゆる本経ではなく、善本による調査を求めたものと考えられる。

巻第七十二の「生疑出文」（Ⅳ7）は、その意味するところは難解であるが、いづれも対象文字が誤字である疑いを示すものと思われるが、現行本には多数みえ、どこを指すかは不明である。

〈Ⅴ　要校訂〉

要校訂註記は二箇所にある。

巻第二十八の「行可尋本経」（Ⅴ1）は、「行」の字について「本経」で確かめるべきことを示すものと思われる。現行本には多数みえ、どこを指すかは不明である。なお「本経」は書写の際の手本を指すことから、註記者は当該巻をチェックするのにあたって「本経」を参照していないことが知られ、勘出注文が書写時の校正に際して作成されたものでないことを示唆するものと考える。

巻第二の「槍尋字書可槍」（Ⅴ４）は、「槍」について「字書」で確かめて修正すべきことを示すものと思われる。現行本では「槍」の記載が一箇所だけみえているので、これに関わる指摘であろうが、修正すべき文字も「槍」となっている点が不審である。なお「字書」がどのようなものであったのかわからないが、それによって確かめることを指示していることから、字体について問題にしているのかも知れない。

〈Ⅵ　その他〉

その他註記は四箇所にある。

巻第二十四の「勝超右一条左二条却名三不定也」（Ⅵ２）は、その意味するところは難解だが、現行本には「超勝」の記載が二箇所（「劫名超勝國名離垢」「是故彼劫名曰超勝」）、「勝超」の記載が一箇所（「於勝超劫諸如来所」）あることから、この三箇所が同一表記、つまり「超勝」ないしは「勝超」ではないかと考え、それを確かめることができなかったことを意味するのではないかと考える。巻第二十八の「此行重十勾以難消故是推後近」（Ⅵ３）も、その意味するところは難解だが、行中の句の重複について、重複かどうか判定し難いので、のちに検討するよう指摘したものと考える。巻第七十六の「又一行余截更可続」（Ⅵ６）は、一行余分（重複あるいは空行か）があるので切断してつなげるように指示したものと考える。巻第百十九の「蔵此字体破故浄」（Ⅵ７）は、「蔵」の字体が乱れているので浄書するように指示するものと考える。

伝存しない五月一日経と勘出注文の関係を通してみても、伝存する事例と同様に註記者の仏典にかかわる見識の高さや環境が想像されるのである。

おわりに

大宝積経勘出注文について伝本等との対校状況やそれにかかわる知見を縷々述べてきた。最後に勘出注文の性格について少し述べておきたいと思う。

まず勘出注文の註記の書式を通して注意されるのは、誤字註記の書式がおおむね「可有〇字」といったものであったことである。のちの勘出解などでは「刑部金綱一校　瑜伽抄十八巻余件一行　誤二　落字二」[24]などとなっている。勘出注文が五月一日経のごく初期のものであるとすれば、表記方法の相違に性格の違いを見いだすのは困難ではあるかもしれないが、それを考慮するとしても、当該表記は、書写時の校正というよりも、内容を検討した上での註記のように感じられるのである。

また書写時の校正と思われる墨書による修正事例はあるものの、誤字註記の七十六箇所に比して六箇所とたいへん少ないものといわざるをえない。ただし、なぜこの墨書による修正例のみが勘出註記と対応するのかは不明であり、今後の検討課題である。

次に伝存する五月一日経と勘出注文の関係から知られることは以下のとおりである。

誤字註記は上述のごとく七十六箇所に及ぶ。そのうち朱書きによって指示通り修正されているものと、そうでないものに大きくわけられ、墨書による修正痕を含めて、伝存が確認できるものを対象にした註記の半数に近い十二箇所が朱書きによる修正がみられる。脱字註記は、三箇所みられ、そのうち一箇所だけが朱書きによる修正がみられる。特に本経との校正であるならば、偈文の七字一句の脱字（Ⅱ３）が修正されないのは不自然であるといえよう。余字註記の実情については不明といわざるをえない。疑義註記については、いづれも修正されていないが、単に本経による校正とは考えられず、註記者が仏典に関する知識ないし参考になる資料（仏典）をもっており、それに基づいて指摘していたと想像される。またＶ３にみえる註記に参照すべきものとして提示された「正本経」は「証本経」と考えられ、いわゆる本経ではない善本による調査を求めたものと考えられる。これもまた註記者が仏典について相当な知識をもっていたか、それを検討するだけの資料（仏典）をもっていたことを想像させる。なおⅥ４のように文字面の出来映えやⅥ５のように装丁の具合にも気を配っていたことがわかるが、後者の事例は糊離れが生じていることから註記者による勘出が書写時から時間が置かれていたことが想定される。またⅥ１の解釈が許されるならば、ここでも註記者の仏典に関する見識を見いだすことができよう。

次に伝存しない五月一日経についての、本経と勘出注文の関係であるが、現行本との対比を通してのみの知見で、現行本の是非の問題も含んではいるが、いくつかの注目すべき点があげられる。

誤字註記・脱字註記・余字註記については、現行本と対応しない点がままみられ、本経による校正のみではなく、他本による対校である可能性があろう。疑義註記については、疑義が呈されている点、やはり本経による校正ではなく、註記者の見識か、参考資料にもとづくものと考えるべきである。またⅣ３・Ⅳ５で参照すべきものとして提示された「正本」は、上述の「正本経」と同様に「証本」と考えられ、善本による調査を求めたものと考えられる。要校訂註記については、Ｖ１では、「本経」を確認するように指示しているが、「本経」が一般に書写手本を指すことから、註記者は当該巻次をチェックするにあたって、本経を参照していなかったことが知られる。Ｖ４では「字書」の参照を指示し、字体について問題にしているのかも知れない。その他註記では、重複の検討（Ⅵ３）・文言の検討（Ⅵ２）ほか、Ⅵ６の重複ないしは体裁の修正をうながすもの、Ⅵ７は文字面の出来映えに配慮する姿勢など註記者の仏典への見識をうかがわせるものと考える。

以上の検討から勘出注文は、従来の見解、つまり写経時の校正によるものとすることはできず、のちの勘出とすべきであると考える。また註記者が仏典への相当の知識を有していること、あるいは参考資料（仏典）を披見できる立場にあるものと考えられる。

それではその勘出とは何かが問題になるが、やはり念頭に浮かぶのは天平勝宝年間（七四九〜五七）の五月一日経および同『大宝積経』の勘経ではないかと考える。当該期の勘経の過程はある程度明らかになっているが[25]、その内容については十分検討されているとはいえず、勘出注文はその実態を考える上で重要な手がかりになるのではないかと考える。また勘出注文が伝存する五月一日経の朱書きによる修正とある程度の対応関係があったことも注意を要する。この点について、近年、確認された五月一日経の勘経追跡を有する経巻には勘出内容らしき墨書がみえ、しかもそれと対応すると思われる朱書きがあったことが報告されており[26]、検討すべき課題と考える。そこで勘経と朱書修正の関係についても今後の課題としたい。

費やした紙幅に比して提示できたことはわずかであるが、今後も勘出注文のより詳細な分析、延いては勘経の内容を明らかにする課題に取り組んでいきたいと思う。諸賢のご批正を乞う次第である。

注

（1）正倉院文書名については、以下「続修後集三七」などと表記する。
（2）文書名は、東京大学史料編纂所編『正倉院文書目録』（東京大学出版会）で示された名称は「　」を付けず、『大日本古文書（編年文書）』で示された名称には「　」付けとして表記する。

(3)『大日本古文書（編年文書）』については、以下「二十二ノ一九二〜五」などと表記する。

(4)「年次報告（古文書）」（『正倉院年報』九、一九八七年）。

(5)続々修十二ノ三　七ノ五頁〜三二頁。『正倉院文書目録』八〈続々修三〉（東京大学出版会、二〇二〇年）参照。

(6)続々修四十三ノ一裏　七ノ一八四〜六。

(7)続々修四十三ノ一　七ノ九一。

(8)栄原永遠男「初期写経所に関する二三の問題」（同氏『奈良時代の写経と内裏』、塙書房、二〇〇〇年、初出一九八四年）、宮﨑健司「天平勝宝七歳における『大宝積経』の勘経」（同『日本古代の写経と社会』、塙書房、二〇〇六年）参照。

(9)『正倉院文書目録』三〈続修後集〉（東京大学出版会、一九九四年）。

(10)「Ｉ１」はＩの誤字註記の番号を示し、付表と対応する。なお対象巻次が前後する部分がみえるが、修正の書式ごとにひとまとまりとして、同一書式内については、巻次順となっているためである。

(11)なお巻第三十二「子可有了字」（Ｉ４）について、当該巻第六紙二行目の「子」の白書によって「一」を抹消したと思われるものがあるが、これは校正時の修正方法として不自然で、のちのものと考えられよう。

(12)現行本は『大正新脩大蔵経』第十一巻　宝積部上　No.310による。なお『大正新脩大蔵経』は、一般に善本とされる最初の印刷大蔵経である開宝蔵の系譜を引く高麗版大蔵経の再雕本を底本とし、諸本によって対校されたものである。ただし開宝蔵自体が必ずしも善本とはいえず、隋唐の宮廷写経に系譜を引きものは現存の数少ない契丹大蔵経であるとの指摘がある（竺沙雅章『漢譯大藏經の歴史――寫經から刊經へ――』、大谷大学、一九九三年、のち同氏『宋元佛教文化史研究』、汲古書院、二〇〇〇年所収）。以下、『大正蔵』と略称する。

(13)管見のかぎりでは、現存するものは、聖語蔵に四十五巻と巻間に三巻の四十八巻である。勘出注文と対校するにあたり、聖語蔵については宮内庁正倉院事務所編『聖語蔵経巻』（丸善、二〇〇一〜三年）によったが、巻第九十九（九州国立博物館蔵）・巻第百十四（香雪美術館蔵）・巻第百二十（五島美術館蔵）の三巻は実見による所見に基づくものである。

(14)現行本によれば当該箇所はすべて「乏」となっている。

(15)なお第九紙十六行目に「捨」を朱書きで「拾」に修正された箇所があるが、これと関係あるか不明である。

(16)『大正蔵』の校訂では、宋・元・明の三本、図書寮本(旧宋本)、聖語蔵(五月一日経)は「遇」とすると註記している。

(17)第十九紙四行目に「遇」を朱書きで「愚」に修正する箇所がある。

(18)注(11)参照。

(19)『大正蔵』の校訂では、「衆」を宋元明三本・図書寮本(旧宋本)は「諸」とし、聖語蔵は「衆」とすると註記している。ここでいう聖語蔵は五月一日経ではないことになる。

(20)『大正蔵』の校訂では、聖語蔵(五月一日経)が「哀愍常攝護」とすることを示している。

(21)ただしⅢ3については、第十二紙二行目の天界上に白色の圏点がみとめられる。

(22)『大正蔵』の対校註記では、「一法」の「一」について宋元明三本・図書寮本(旧宋本)ではないと註記している。

(23)『続華厳経略疏刊訂記』巻第五(大東急記念文庫蔵　重文)。奈良国立博物館編『奈良朝写経』(東京美術、一九八三年)参照。また五島美術館 秋の優品展「一生に一度は観たい古写経」展(二〇二四年九月三日~十月十四日)にも出品、実見した。

延暦二年十一月廿三日於東大寺與新
羅正本自校勘畢以此善根生〃之中
殖金剛種斷一切障共諸含識入無導門
以延暦七年八月十二日與唐正本相對校勘取捨
得失楷定此本後學存意可幸察自後諸
巻互同此矣更不録勘年日等也

(24) 天平十九年(七四七)七月二十四日付村山首麻呂解(続修三十②　二ノ六七四~五)。村山首麻呂は二校担当であったため、校正の責任の所在を明確にするためか、一校者の名前を書き添えている。

(25) 宮﨑健司「光明皇后発願五月一日経の勘経について」(『尋源』四一・四二合併号、一九九二年、のち「光明子発願五月一日経の勘経」と改題して宮﨑前掲注(8)著書に所収)および宮﨑前掲注(8)論文を参照。

(26) 宮﨑健司「光明子発願一切経『深密解脱経』巻第一について――勘経追跋の新出資料――」(本郷真紹監修、山本崇・毛利憲一編『日本古代の国家・王権と宗教』、法藏館、二〇二四年)。

図版一覧

図1　大宝積経勘出注文(続修後集三七)　正倉院蔵　写真:正倉院事務所HP・正倉院宝物
図2　五月一日経『瑜伽師地論』巻第三十七　大谷大学博物館蔵　写真:大谷大学博物館提供
図3　五月一日経『大宝積経』巻第三十六　正倉院蔵　写真:宮内庁正倉院事務所編『聖語蔵経巻』(丸善)
図4　五月一日経『大宝積経』巻第四十一　正倉院蔵　写真:宮内庁正倉院事務所編『聖語蔵経巻』(丸善)
図5　五月一日経『大宝積経』巻第六十二　正倉院蔵　写真:宮内庁正倉院事務所編『聖語蔵経巻』(丸善)
図6　五月一日経『大宝積経』巻第九十九　九州国立博物館蔵　写真:colbase
図7　五月一日経『大宝積経』巻第四十七　正倉院蔵　写真:宮内庁正倉院事務所編『聖語蔵経巻』(丸善)
図8　五月一日経『大宝積経』巻第六十二　正倉院蔵　写真:宮内庁正倉院事務所編『聖語蔵経巻』(丸善)
図9　五月一日経『大宝積経』巻第十一　正倉院蔵　写真:宮内庁正倉院事務所編『聖語蔵経巻』(丸善)
図10　五月一日経『大宝積経』巻第六十三　正倉院蔵　写真:宮内庁正倉院事務所編『聖語蔵経巻』(丸善)
図11　五月一日経『大宝積経』巻第四十四　正倉院蔵　写真:宮内庁正倉院事務所編『聖語蔵経巻』(丸善)
図12　五月一日経『大宝積経』巻第百十七　正倉院蔵　写真:宮内庁正倉院事務所編『聖語蔵経巻』(丸善)
図13　五月一日経『大宝積経』巻第三十二　正倉院蔵　写真:宮内庁正倉院事務所編『聖語蔵経巻』(丸善)

図14　五月一日経『大宝積経』巻第十四　正倉院蔵　写真：宮内庁正倉院事務所編『聖語蔵経巻』（丸善）
図15　五月一日経『大宝積経』巻第十五　正倉院蔵　写真：宮内庁正倉院事務所編『聖語蔵経巻』（丸善）
図16　五月一日経『大宝積経』巻第百十一　正倉院蔵　写真：宮内庁正倉院事務所編『聖語蔵経巻』（丸善）
図17　五月一日経『大宝積経』巻第六十二　正倉院蔵　写真：宮内庁正倉院事務所編『聖語蔵経巻』（丸善）
図18　五月一日経『大宝積経』巻第五十　正倉院蔵　写真：宮内庁正倉院事務所編『聖語蔵経巻』（丸善）
図19　五月一日経『大宝積経』巻第四十　正倉院蔵　写真：宮内庁正倉院事務所編『聖語蔵経巻』（丸善）
図20　五月一日経『大宝積経』巻第九十九　九州国立博物館蔵　写真：colbase

本研究はＪＳＰＳ科研費　20H00008（研究代表者　落合俊典）の助成を受けた研究である。

孝謙太上天皇の受戒と『梵網経』十八種物

堀　裕

はじめに

正倉院に残された写経事業史料の中に、天平宝字六年（七六二）に写経が命じられた『梵網経』二〇部四〇巻と『四分僧戒本』一〇部一〇巻・『四分尼戒本』一〇部一〇巻がある。『梵網経』は、伝鳩摩羅什訳とされる五世紀中ごろの中国撰述経典であり、中国の皇帝等が受けた『梵網経』に基づく菩薩戒の影響により、日本でも鑑真の渡来後に、聖武太上天皇や孝謙天皇の受戒に用いられたとみられる。『四分僧戒本』と『四分尼戒本』は、四分律に基づき、出家者が守らなければならない戒律条文を集めたもので、受戒や布薩で読み上げるものであった。

興味深いのは、写経事業の帳簿のなかで、この時の経典を一括して「十八種持物之具経」[1]と記していることである。十八種物とは、『梵網経』巻下に、僧侶が「二時頭陀、冬夏坐禅、結夏安居」の時に常に携帯しなくてはならないものとされ、具体的には、楊枝、澡豆（手洗い用の粉）、三衣、瓶、鉢、坐具、錫杖、香爐、漉水嚢、手巾、刀子、火燧、鑷子（毛抜き）、縄床、経、律、仏像、菩薩形像を指す[2]。写経されたもののうち、『梵網経』は経にあたり、『四分僧戒本』と『四分尼戒本』は律であったと考えられる。

この写経事業をめぐる研究は、黒田洋子氏が[3]、正倉院文書の帳簿の表裏関係の検討から、この十八種持物之具経の書写事業を皮切りに、葛井根道が道鏡の命を受けて写経所で采配を振るうようになったと指摘し、写経所における藤原仲麻呂派と道鏡派の官人の対立を示す象徴的な写経事業であることを明らかにした。その後、山本幸男氏も[4]、天平宝字六年から同八年の写経事業を網羅的に検討するなかで取り上げている。黒田氏の研究と同様の点を指摘し、料物の出所が内裏であり、宣者が孝謙太上天皇の側近である因八麻仲村であることから、孝謙・道鏡によって立案された写経事業であることを改めて確認したほか、写経命令から準備作業までの動向から、明確な期限のない写経事業ではなかったかと述べた。なお、山本幸男氏の写経事業の整理にはいくつかの誤りがあり、黒田説に従うべき点があるほか、文書の復元を丹念に検討した山本祥隆氏の研究[5]によって修正されている。これらの点を踏まえ、本論では写経事業の進展を改めて確認することとしよう。

本写経事業には言及していないものの、堀池春峰氏[6]は、聖護蔵を除き、正倉院宝庫に唯一残された経典である中倉の『梵網経』[7]一巻を取り上げ、鑑真による菩薩戒授戒によって聖武天皇の身辺にもたらされた十八種物のひとつであるとして検討を行っている。この経巻は、本来上下二巻の経典を携帯用に一巻に仕立てたものであり、水晶軸に雁皮紙の本紙をもつ。堀池氏の考えによれば、本経は、聖武が没した後の早い時期に、紫紙の表裏に金銀泥で絵が描かれた表紙が付けられたほか、同じく中倉に残る円筒形の経筒も作成されたと論じている[8]。さらに堀池氏は、関連する十八種物の文献史料を検討し、十八種物は持ち主の死後、埋葬されるものではないことを示すことで、正倉院の『梵網経』が聖武天皇のものであることを補強した。

改めて本写経事業の研究を振り返ると、淳仁・仲麻呂派と孝謙・道鏡派の写経所をめぐる対立を示す史料とする指摘は重要であるものの、十八種物が写された目的は検討されてこなかった。そこで、写経事業の先行研究や堀池

氏等の十八種物の検討を継承し、写経事業を整理したうえで、本写経事業が行われた目的と意義を明らかにしたい。(9)

一　十八種持物之具経の写経事業

十八種持物之具経である『梵網経』二〇部四〇巻と、『四分僧戒本』一〇部一〇巻、『四分尼戒本』一〇部一〇巻の写経事業に関する先行研究を踏まえ、写経事業の展開をまとめ直すこととしたい。関連する帳簿は、次の九つが確認される。帳簿名の下に記した年月日は、とくに年の注記がなければ天平宝字七年（七六三）であり、用度文案などの文書であればその作成の年月日、帳簿であれば本写経事業に関わる事柄に限って、帳簿の利用が確認された期間の年月日を示した。また、（　）の中は『大日本古文書』の巻数と頁、「正倉院文書」の帙や巻数である。

①奉写梵網経并四分戒本用度文案　年期未詳(10)（一六巻三四四頁／続々修二四帙七巻裏）

②造東大寺司奉写十八種持物之具用度文案　正月二八日（一六巻三四一～三四三頁・二五巻三三九～三四〇頁・一五巻八一～八二頁・同七九～八一頁・一六巻四一九～四二〇頁／正集五裏・続修三一裏・続修二二裏・続々修四二帙五巻）

③梵網経并四分戒本料紙注文　二月六日（一六巻三三五～三三六頁／続々修一〇帙一三巻）

④奉写梵網経并四分律充装潢紙帳　二月二四日（一六巻三三四～三三五頁／続々修一〇帙一三巻）

⑤奉写二部大般若経紙装潢充帳　二月二四日（一六巻一三七～一三九頁／続々修四帙一一巻）

⑥奉写梵網経并四分戒本料雑物納帳　三月一一日～六月六日（一六巻三四五～三四七頁／続々修一〇帙一四巻）

⑦奉写梵網経并四分律充本帳　三月一八日～天平宝字八年正月三日（一六巻三六〇～三六二頁／続々修一〇帙一一巻）

⑧奉写梵網経并四分律充紙帳　三月一八日～五月三日（一六巻三五七～三五九頁／続々修一〇帙一二巻）

表　十八種持経料写経事業

天平宝字６年（762）	８月13日	因八麻仲村宣	⑦
天平宝字７年（763）	正月28日	用度案作成	②
	２月６日	写経料紙勘注／料紙1500張・破料紙60張・式幷端継料50張（「勘田辺田道」「判官葛井根道」）	③
	２月24日	収納麻紙1560張・凡紙50張〔内裏〕	④
		充装潢（能登忍人）	④⑤
	某日	打1500張（秦東人）	④
	３月11日	収納浄衣９人料（経師６人・装潢１人・校生２人）	⑥
	３月12日	収納銭550文（400文／兎毛筆10管直、150文／墨５挺直）	⑥
		収納凡紙50張（端継・嚢紙・下纏等料）	
		収納麻紙1560張〔内裏〕	
	３月18日	下銭390文（240文／兎毛筆６管直、150文／墨５挺直）	⑨
		※経師６人分の筆と用度案と同量の墨を購入	
		充本開始	⑦
		充紙帳開始（筆６・墨５）	⑧
	３月20日	収納銭500文（経師・装潢等生菜直料）〔政所〕	⑥
		下銭200文（索餅直）	⑨
		充紙開始	⑧
	３月27日	四分僧戒本返送（付興恵師）	⑦
	３月30日	下銭160文（兎毛筆４管直）	⑨
	４月21日	最後の充紙	⑧
	４月22日	収納麻紙32張（表紙料）　※60巻分	⑥
	４月27日	収納黄蘗160斤（四分律・730巻料）	⑥
	５月７日	収納綺11丈６尺〔内裏〕	⑥
	６月６日	収納蘇芳軸70枚（用60枚、余10枚）※60巻分	⑥
天平宝字８年（764）	正月３日	奉請嶋院（使主典安都宿禰）	⑦

⑨奉写梵網経并四分律料銭用帳　三月一八日～三月三〇日（一六巻三五五～三五六頁／続々修一〇帙一五巻）

これらをもとに写経事業の内容をまとめたものが上の表である。この表をもとに、写経事業の概要と、問題となる箇所をとりあげよう。

本写経事業は、天平宝字六年八月一三日に因八麻仲村宣（⑦）によって開始された。写経事業の計画書となる②用度文案の作成時期は、『大日本古文書』の翻刻では、翌年の「天平宝字七年八月廿八日　判官正六位上葛井連」とする。表をみれば明らかだが、用度文案がこの時期に作成されたとすると、本写経事業はすでに終了していたことになる。そこで山本幸男氏(11)は、①年期未詳用度案とともに、別の写経事業の史料だと推測する。けれども、黒田洋子氏や山本祥隆氏が指摘するように、写真を見ると「八」と読むことは困難であり、「正」と読むのが穏当である。つまり、八月二八日ではなく、正月二八日に用度文案が作成されたことになり、別の写経事業を想定する必要はなくなる。

次に、③と④の現状は、次のように、それぞれ一紙からなる④と③が接続し、この二紙のみで『続々修』一〇帙一三巻を構成している。この巻の右端に題箋軸があり、表には「梵網経　四分律　七年」、裏には「充装潢紙帳」と記されている。

④七年二月廿四日納麻紙壱仟伍佰陸拾張　凡紙伍拾張
　右梵網経卅部・四分僧戒本十巻・四分尼戒本十巻写料自内裏請来如件
　即充装潢能登忍人
　　秦東人
　打一千五百張

③梵網経卌巻　四分戒本廿巻
料紙一千五百張
破料紙六十張
式幷端継等料五千張
　　二月六日
　　　「勘田辺田道」
　　「判官葛井根道」

『大日本古文書』は、④と③両者の接続を認めているが、山本祥隆氏が指摘するように、『未修古文書目録』第三一号には、③のみを示す「梵網経卌巻 二月六日 一枚」があることから[12]、本来、③と④は別々であった可能性が高い[13]。このような理解は、『大日本古文書』が、「二月廿四日」とある④よりあとに張り継がれた③が、「二月六日」とあるのを不審に思い、二六日の誤りではないかと注記した点に波及する。つまり、山本祥隆氏が、③と④が別々の文書であれば、③が「二月六日」であってもおかしくないとした見解に従うべきである。

これらの点を踏まえるならば、③は二月六日に内裏から来た料紙等の実物を田辺田道が確認して収納し、造東大寺司判官葛井根道がチェックしたことになる。なお、田辺田道は、天平宝字八年四月一一日や天平神護三年四月六日等には、「倉人田辺」「倉人田辺田道」として史料に現れる[14]。そこで一案として、一旦、東大寺や造東大寺司の倉へと収納したと推測したい。その後、二月二四日に、それらを写経所に納め、その料紙を装潢能登忍人に充てた(④⑤)。このような収納の形態や、これが史料として残されたのは、葛井根道が最初に関与する写経事業であることとも関わるとみられる。

三月一二日に装潢の終わった紙を収納し(⑥)、三月一八日から二〇日にかけて写経が始まった(⑥～⑨)。四月二一日に最後の充紙が行われた(⑧)ことから、このころ写経は終了したとみられる。その翌日以降に、表紙、黄蘗や、内裏からもたらされた綺の緒が収納され、六月六日には蘇芳の軸が収納されている(⑥)。経巻は、おそらく六月中には完成していたと考えられる。これらは、翌八年正月三日に、嶋院に納入された(⑦)。

また、⑦に記載があるように、嶋浄浜の写した『梵網経』六部は[15]、用紙二六四張が用いられている。これらのことから、『梵網経』は一部二巻で、四四張である。写経事業全体の紙数が一五〇〇張を予定していたことから、『四分僧戒本』は一部二七張、『四分尼戒本』は一部三五張と推測される[16]。これらは他の写経事業にみる同じ経巻の紙数[17]と比べてみても不自然ではない。

ただし、正倉院中倉の『梵網経』は一巻であり、堀池氏が指摘するように一般的な経典と比べ紙高も低く、紙数も全体で二四紙半と少ない[18]。これは携行用のためとされる。これを考えれば、本写経事業が同じ十八種物でありながら、一般的な『梵網経』一部二巻の構成をとっている点も注意される。

以上、本写経事業には、孝謙太上天皇による意志がみられた。それは、このころ特に寵用していたとみられる側近因八麻仲村[19]によって命じられたことと、料紙や綺の緒が「内裏」からもたらされたこと、嶋院に奉請されたことから明確である。

二　十八種物の役割

『梵網経』によれば、十八種物は頭陀行などに携行する物であった。堀池春峰氏は、正倉院中倉に残る『梵網経』一巻を検討するなかで、聖武太上天皇と朝原内親王の十八種物に関する史料三点に触れている。氏の研究に導かれながら、その具体的な役割を考えたい。

先に、聖武天皇の受戒に関する史料をとりあげよう。天平二一年(七四九)正月、聖武天皇は、中宮藤原宮子や光明皇后とともに、「平城中島宮」で行基から菩薩戒を受けたとする記事が『扶桑略記』にある[20]。同じ年、皇太子阿倍内親王(孝謙天皇)への皇位継承を目前にした天平感宝元年(七四九)閏五月に、聖武は「太上天皇沙弥勝満」と名乗っており、薬師寺宮へと居を移した[21]。天平勝宝六歳(七五四)正月、鑑真が来日すると、同年四月、東大寺の「盧舎那殿前」に戒壇を立て、聖武太上天皇、光明皇太后、孝謙天皇に『梵網経』と関わる菩薩戒を施している。

そして、十八種物の記事はその後、『東大寺要録』巻四が引く『延暦僧録』の逸文にみられるのである。

僧録云（略）勝宝八年四月、於二盧舎那殿前一、天皇十八種物令三唐僧作二羯摩一。京城諸寺僧集。和上曰「今天皇羯摩十八種物、並唐僧進畢。」近参坐末唐僧進二受戒一(22)、少遠坐挙衆不レ伏。人々面作レ色之中、有二興福寺僧法寂一、起立大叫出二麁言一、忽倒レ地而殞。悉皆息心、安隠作二羯摩一。従レ此已後、一切所作無二諸笏難一 已上

右の『延暦僧録』逸文の中略部分には、「勝宝六年四月初」の時に受戒した者について、「天皇」「皇后・太子」と表記する。つまり、右の引用した史料の「天皇」は、聖武太上天皇を指す。彼は四月一四日に不予になっており、五月二日に没している(23)。そのためこの時、危うい状態であったとみられる聖武太上天皇のため、十八種物が持ち出され、大仏殿前において、唐僧によって羯磨、おそらくは授戒、懺悔などがされたのである。堀池氏は、聖武が頭陀遊行できる程に回復をすることを祈って、所持する十八種物への羯磨ではなかったかとする(24)。

堀池氏はもうひとつ、正倉院文書には、正倉院中倉の『梵網経』一巻とみられる経典がある事を指摘している。それは、「自所々請来経帳(25)」に記された聖武没後すぐの史料である。

梵網経一巻（複上下 綺白帯 白紙及表紙 水精軸） 納管三箇（二箇樒並塗末香 一箇赤檀継中在蓋）

納紫細布袋一口 着丸組緒四条（二条紫糸 二条白橡麻）

以前、奉レ施二衆僧一十八物中物平章献二大仏一如レ前、借二収経所一。

八歳五月廿日付上馬甘

判官上毛野君

主典葛井連

衆僧に施した、聖武の十八種物中の物は、相談して大仏に献上されていたが、今回『梵網経』一巻など一式は経

所が借りたとある。[26]

このような十八種物の大仏献上と似た例は、弘仁九年（八一八）三月二七日の酒人内親王施入状[27]にも見られた。酒人内親王は、前年に没した娘故朝原内親王の「遺訣」に従い、朝原の父にあたる故桓武天皇と「尊堂」のために行う、東大寺での二つの法会のため、『大般若経』と『金剛般若経』に加え、厚美荘等も納めたが、その文末に「今依㆓遺訣旨㆒、加㆓副所持十八種物装束一二種等㆒、献納如㆑件」と記している。

朝原内親王の十八種物のうちの「装束一二種等」とは、おそらく「三衣」を含むとみられ、これを東大寺に施入したのである。なお、朝原内親王は、少なくとも在家戒としての菩薩戒を受戒していたとみられることと、東大寺へ施入していることから、菩薩戒を受けた聖武天皇と、彼の孫である母酒人内親王の影響が想定される。[28]『梵網経』に記された頭陀行に用いる十八種物は、菩薩戒を受けた者が、保持するものであると考えられる。これらは単に頭陀のための道具というだけでなく、少なくとも聖武天皇やその曽孫朝原内親王にとっては、個人や、その仏教的な意思を示すための代役にもなったのである。

三　天平宝字の十八種物の作成目的

天平宝字六年（七六二）に写経などの命令が出されたとみられる十八種物の作成は、孝謙太上天皇が主導する事業であることが明らかである。そこで、このころの都の政治的な動向を確認しておきたい。天平宝字六年五月二三日に、保良宮において対立した孝謙太上天皇と淳仁天皇の両者が平城に戻ると、それぞれ法華寺と中宮院に別々に入った。[29]

六月三日に、五位已上を朝堂に集め、孝謙太上天皇の詔が出され、淳仁天皇と対立したことを踏まえ、「又一波尓朕応レ発二菩提心一縁尓在止良之奈母念須。是以出家弖仏弟子止成奴。但政事波常祀利小事波今帝行給部。国家大事賞罰二柄波朕行牟。」と述べている。[30] 太上天皇は対立を契機に「出家」しているが、のちの史料では、『梵網経』に国王が受戒すべきだと記された菩薩戒による出家であったとする。[31] 出家の時期は明確ではないが、史料の内容からみてこれよりあまり遠い時期ではないとみられる。[32] そして、先にみたように、この二ケ月あとの八月一三日に、因八麻仲村の宣によって本写経事業が命じられ、翌年正月から、葛井根道が関与することで実際の写経のための作業が始まったのである。

ところで、「十八種持物之具経」の写経事業は、十八種物のうちの経と律にあたる『梵網経』二〇部四〇巻と、『四分僧戒本』一〇部一〇巻、『四分尼戒本』一〇部一〇巻が写経されたのだが、部数を考えれば、菩薩戒を受けた一〇人の僧と一〇人の尼が居たことになる。

菩薩戒受戒と十八種物の作成時期の関係についても、堀池氏の説[33]に耳を傾けたい。聖武天皇の手に十八種物がもたらされた時期は、「菩薩戒の受戒に当たって鑑真より授けられたものか、はたまた受戒後の持物として、上皇所持に相応しいものが作製されたのか明らかにし得ないが、梵網経の説くところでは、頭陀に際しての必需品として明示されている点をみると、戒師より授けられるものではなく、登壇受戒後において自身が整備するものであったと考えられ、聖武上皇の十八種物も、受戒以後において作られ整備されたものと認めてよかろう。さらにこの十八種物の作製整備に当たっては、当然唐僧の関与・指導によったことは申すまでもない」と述べた。

この指摘に従えば、今回も菩薩戒を受けたあとに十八種物の作成が命じられたことになり、各一〇人の僧尼は、天平宝字六年八月以前に菩薩戒を受戒したとみられる。[34] しかも、本来的に本人が準備すべきであったろう十八種物を、孝謙太上天皇が準備をしている点は、今回の十八種物作成の特異な性格を示している。

納入先の嶋院は、孝謙太上天皇の居所の法華寺と関係する。かつて嶋院において力を振るった慈訓は、天平宝字七年九月四日に、道鏡の昇進と入れ替わるように、少僧都を解任されており、解任の使者は興福寺に向かっていた。(35) 鷺森浩幸氏(36)は、この時、慈訓はすでに嶋院を離れていたと考えている。また、『延暦僧録』には文室浄三が、時期は不明ながら法華寺大鎮・浄土院別当になっており、この就任時期は、道鏡政権期であると指摘している。

いずれにしても、すくなくとも尼一〇人分の十八種物は、法華寺の尼のためと考えられ、僧一〇人分の十八種物も、嶋院や孝謙太上天皇に関わる僧のためとみられる。

これらの点から、十八種物の作成は、法華寺を居所とした孝謙太上天皇が「出家」したことと関連し、その周辺に居た僧尼が、孝謙太上天皇の意向で菩薩戒を受けたと考えられる。なお、聖武天皇の『梵網経』は携行用のため上下巻をあわせて一巻としていたのに対し、本写経は本来的な一部二巻の構成をしていることから、必ずしも頭陀行などへの携行を念頭にはおいた作りではないようである。(37)

おわりに

天平宝字六年（七六二）八月一三日に写経を命じられた『梵網経』二〇部四〇巻と、『四分僧戒本』一〇部一〇巻、『四分尼戒本』一〇部一〇巻は、僧一〇人と尼一〇人のための十八種物の一部である。この写経事業の性格を考えるにあたっては、孝謙太上天皇が、おそらくは菩薩戒受戒を終えた僧尼に、十八種物を用意していることと、奉請先が嶋院であること、この写経事業から孝謙太上天皇と道鏡の意向を受けた葛井根道が写経所に深く関わり始めたことが重要である。

また、この時の政治状況を踏まえるならば、僧尼各一〇人は、孝謙太上天皇が、天平宝字六年五月に、近江国の保良宮から平城に帰って、法華寺を居所と定めたことや、翌六月に「出家」していたこととも関連し、その主導によって菩薩戒を受戒したと考えられる。一〇人の尼とは、法華寺の尼が中心であったことは確実で、一〇人の僧も嶋院に関わる僧、いわば孝謙太上天皇側近の僧が含まれたと考えられる。[38] 憶測をするならば、菩薩戒により「出家」した孝謙太上天皇の周囲に、菩薩戒を受けた僧尼が取り囲んでいたのではなかろうか。そのなかには、道鏡が含まれていた可能性があろう。

最後に、山本幸男氏が指摘したように、写経命令から嶋院奉請までの間、事業の進捗速度は緩やかであった。十八種物は菩薩戒受戒後に準備するべきものであったとはいえ、彼等僧尼にとっては、必ずしも必携のものではなかったようだ。これは正倉院中倉の『梵網経』が携行用に一巻構成となっていたこととは異なり、一般的な上下二巻構成であったこととも関わる可能性がある。ただ、本写経が、天平宝字七年六月中に完成したのち、嶋院に奉請されたのが天平宝字八年の正月三日であることは、『梵網経』巻下に、「而菩薩行二頭陀一時及遊方時、行二来百里千里一、此十八種物常随二其身一。頭陀者従二正月十五日一至二三月十五日一、八月十五日至二十月十五日一。是二時中此十八種物、常随二其身一如二鳥二翼一。」とあって、頭陀行の始まる正月十五日には間にあったことにはなるであろう。

注

（1）天平宝字七年正月二十八日造東大寺司奉写十八種持物之具経用度文案（『大日本古文書』一六巻四二〇頁／続々修四二帙五巻）。

（2）石田瑞麿『仏典講座14　梵網経』（大蔵出版、一九七一年、二二一～二二五頁）等。
（3）黒田洋子「天平宝字年間の表裏関係から見た伝来の契機」（『正倉院文書の一研究――奈良時代の公文と書状――』、汲古書院、二〇二二年、初出一九九二年）。以下、黒田氏の研究の引用はこちらからである。
（4）山本幸男「天平宝字六年～八年の御願経書写」（『写経所文書の基礎的研究』吉川弘文館、二〇〇二年）。以下、山本氏の研究の引用はこちらからである。
（5）山本祥隆「正倉院文書写経機関関係文書編年目録――天平宝字七年――」（『東京大学日本史学研究室紀要』一六、二〇一二年）は、天平宝字七年の写経事業を整理したものである。ただし、山本幸男氏と同様、一部同じ理解を示す黒田洋子氏の研究への言及はない。
（6）堀池春峰「正倉院御物・梵網経と十八種物」（『南都仏教史の研究』上〈東大寺篇〉、法藏館、一九八〇年、初出一九三八年）。以下、堀池氏の研究の引用はこちらからである。
（7）奈良国立博物館『第六十六回「正倉院展」目録』（仏教美術協会、二〇一四年）には、謹厳で高い品格を備える筆は、写経生の書風とは一線を画し、能筆の手による特別の書と見られるとある。
（8）堀池氏は、この経巻が正倉院に納められた時期は、建久四年（一一九三）八月の『東大寺勅封蔵目録』巻上（橋本義彦「『東大寺勅封蔵目録記』雑考」『正倉院文書研究』九、二〇〇三年）の中倉の項目のなかに「梵網経一巻」の記載があることから、この時までには納められていたとした。とくに、十八種物のひとつである「三衣」とともに、「一合納柳葛筥　一合　三衣袈裟　御経筥納梵網経一巻」と記されているものが現在伝わる『梵網経』を指すとしている。
（9）本稿は、二〇〇八年六月三日、栄原永遠男氏のゼミでの報告による。その際、指摘した帳簿上の問題点の多くは、山本祥隆「正倉院文書写経機関関係文書編年目録――天平宝字七年――」（前掲）と重なるため、割愛する。
（10）山本祥隆氏が指摘するように、①は②の草案とみられる。その作成時期は、一次利用面の天平宝字七年正月十四日（『大日本古文書』一六巻三一八～三一九頁／続々修二四帙七巻）以降、②の同年正月一八日以前と考えられる。

(11) 山本幸男「天平宝字六年～八年の御願経書写」(前掲、四二九・四三〇頁)。

(12) 飯田剛彦「正倉院事務所所蔵『正倉院御物目録　十二(未修古文書目録)』(二)」(『正倉院紀要』二四、二〇〇二年)。なお、一紙目④の両端には付箋があり、左端は「卅一」とある。

(13) 山本幸男「天平宝字六年～八年の御願経書写」(前掲、四一七頁)は、現状は張り直されたものだが、本来の形状に戻った可能性を示唆した。

(14) 『大日本古文書』五巻四八一頁、同一七巻七一～七二頁／続修三一、続々修四四帙一〇巻。なお、田辺田道は、天平宝字六年九月二一日宣で御在所への請経使をしている(同一六巻四五八頁／続々修一七帙四巻)。

(15) ⑦は充本帳として一部から廿部まで先に記載されていたが、一部目を写した嶋浄浜が六部分を写したため、「一」に加筆して「六」としている。

(16) 推定の紙数値は『梵網経』四四張×二〇部＝八八〇張、『四分僧戒本』二七張×一〇部＝二七〇張、『四分尼戒本』三五張×一〇部＝三五〇張、計一五〇〇張となる。

(17) 『梵網経』上二二張(空一)・同下二一張(『大日本古文書』八巻五八頁)、同上下・四四張(同八巻一一六頁)、同上二一張・下二二張(同二〇巻八一頁)。『四分僧戒本』二七張(同二〇巻五二七頁、同二三巻八八頁)、『四分尼戒本』三五張(同九巻二三五～二三六頁、同一八巻四九九～五〇〇頁)、同三三張(同二四巻三六〇～三六一頁)等。

(18) 奈良国立博物館『第六十六回「正倉院展」目録』(前掲)。なお、紙高二一・〇センチは、堀池氏によれば、一般的な二六・四～二八・二センチに比べて低いという。

(19) 須田春子『律令制女性史研究』(千代田書房、一九七八年、六九～七〇頁)。天平宝字六年三月に命婦(『大日本古文書』一五巻一七七頁／続々修一八帙三巻)であり、鋳鏡のため「大上天皇勅」を奉宣している。同年一二月一二日にも命婦(同四巻一九二頁)であることから、本写経事業命令時も「命婦」であり、この前後には飛躍的な昇進を遂げている。

(20)『扶桑略記』天平二一年正月一四日条。

(21)「平田寺文書」天平感宝元年閏五月二〇日勅（『大日本古文書』三巻二四〇～二四一頁）、『続日本紀』天平勝宝元年閏五月癸丑条、同月丙辰条。

(22)東野治之『鑑真』（岩波新書、二〇〇九年、八九～九三頁）は、「唐僧、進りて戒を受く」と読み、唐僧以外の僧侶が伏さなかった理由を鑑真から受戒できなかったことだとするが、この時の問題は、天皇十八種物への羯磨を唐僧に命じたことと連動しており従えない。

(23)『続日本紀』天平勝宝八歳四月丁酉条、同五月乙卯条。

(24)石田瑞麿『鑑真――その戒律思想――』（大蔵出版、一九七四年、八三・八四頁）は、年月の誤記の可能性も指摘しつつ、「この時は受戒ではなく、十八種物を上皇に与えるための羯磨であって、まったく別だとも考えられるようである。あるいは、命旦夕にせまった聖武上皇の登遐の持物として十八種を与える羯磨が宝前で唱えられたのであろうか、その可能性がある。」として、堀池氏は登遐の持物とする説を否定している。

(25)『大日本古文書』一二巻二九一頁／続々修一五帙八巻。

(26)堀池氏は、「上皇所持の十八種物中の梵網経と経筒・袋等一式のみは相談した上で大仏に献ぜられたのち、造東大寺司で一時借用して、写経所の舎人上馬甘（養）に付して写経所（経所）に収めたことを示す注文であるが、この略記された注文による限り、十八種物は羯磨か、崩御の後に衆僧（唐僧）に下賜せられ、梵網経一式のみは写経所で借用したものと推定される。」としている。その注では「以前、奉㆑施㆓衆僧㆒十八物中物平章献㆓大仏㆒」の別の解釈として「『これ等の品々は、衆僧（唐僧）に下賜された十八（種）物の中の物で、衆僧が相談の上大仏に献じた』もので『東大寺写経所に借収した』とも解されるが、後述のごとく、三衣袈裟と共に中倉に移納され、『借収経所』の注記から考えて、『造東大寺司官人が相談の上で大仏に献じた』と見るべきであろう。」と記した。また別の箇所では、「この梵網経・経筒・経袋は大仏に献ぜられた後、写経所に借用されたが、『以前奉㆑施㆓衆僧㆒十八物中物』であり、菩薩戒と十八種物の羯磨に奉仕した唐僧に、聖武上皇崩御の後に施与された訳で、経は一時写経所に借用されたが、後日戒壇院の唐僧に返却されたものとすれば、即ちこの梵網経を含めて十八種物は戒壇院に秘蔵せられていたと認めてよく、この時期に標紙・経筒などが改められたのではなかろうか。」とする。

(27)『大日本古文書　東大寺文書　東南院文書之二』九～一〇頁。

(28)母の桓武天皇妃酒人内親王は、光仁天皇と井上内親王の娘と考えられ、親子で菩薩戒を受けていた可能性が残る。

(29)『続日本紀』天平宝字六年五月辛丑条。

(30)『続日本紀』天平宝字六年六月庚戌条。

(31)『続日本紀』天平宝字八年九月甲寅条、天平神護元年一一月庚辰条等。

(32)『宿曜占文抄』には、孝謙の出家を宝字六年六月三日とする（遠藤慶太「高山寺蔵『宿曜占文抄』の伝記史料」『皇學館大學史料編纂所報』二一八、二〇〇八年）。

(33)堀池春峰「正倉院御物・梵網経と十八種物」（前掲、三五二頁）。

(34)この時の菩薩戒師は、鑑真が天平宝字七年五月に没する（『続日本紀』天平宝字七年五月戊申条）直前であり、鑑真かあるいは弟子の法進等の可能性がある。

(35)『続日本紀』天平宝字七年九月癸卯条。

(36)鷺森浩幸「八世紀の法華寺とそれをめぐる人びと」（『正倉院文書研究』四、一九九六年）。

(37)法華寺の尼は特にそのように言えるのかもしれない。なお、一巻構成の『梵網経』は、『頭陀経』一巻等とともに天平勝宝四年六月二二日新羅国使人等奉請の経巻の中にもみられる（『大日本古文書』一二巻二八八・二八九頁／続々修一五帙八巻）。

(38)孝謙太上天皇の「出家」は一般に菩薩戒によるとみられるが、これら各一〇人の僧尼が、その戒に関わっていたり、具足戒のための戒師であって、その前後菩薩戒を受戒した可能性もある。

大僧都行信と厭魅事件

大艸　啓

はじめに

著名な記事であるが、『続日本紀』天平勝宝六年[1]（七五四）一一月甲申（二四）条には、次のように見える。

甲申、薬師寺僧行信、与二八幡神宮主神大神多麻呂等一、同レ意厭魅。下二所司一推勘、罪合二遠流一。於レ是、遣二中納言多治比真人広足一、就二薬師寺一宣レ詔、以二行信一配二下野薬師寺一。

ここには、「薬師寺僧行信」が宇佐八幡宮主の大神多麻呂らとともに厭魅事件を起こし、下野薬師寺に配されたとある。続く丁亥（二七）条には、大神朝臣社女と田麿（多麻呂）の除名・配流も記されており、翌七年三月丁亥（二八）条には、この事件に関わって八幡神職側が封戸返上の対応をしたことが分かる。その後多麻呂は、天平神護二年（七六六）一〇月甲申（二）条に本位に復されたことが見えるが、行信と社女はすでに没していたためか、復籍したことは確認できない。

この事件に関するこれまでの研究は、八幡神の大仏造立をめぐる中央への接近を重視するものが目立ち、封戸獲得などの神託偽造の発覚事件と見る説[2]や、中央の政局に絡んだ政治事件とする説などがある[3]。近年は、恵美押勝の乱以後に多麻呂が復籍することなどから、大神氏が橘諸兄や奈良麻呂に与したと見て、藤原仲麻呂派との対抗関係という構図のなかで論じられる傾向にある。(4)しかしこのような理解では、首謀者と目される行信も反仲麻呂派に与したことになるが、その理由などについては明確に説明されているとはいいがたい。仲麻呂政権下における他の政治事件と同列に理解するだけではなく、個別的な背景を明らかにしたうえで、如上のような構図に位置づける必要があると思われる。この点、仏教史的な観点からの考察はほとんどなく、当該期の仏教界の趨勢を検討することにより、事件の直接的契機を明らかにできる可能性があると考える。

また、「薬師寺僧行信」と律師・大僧都を歴任した行信との関係についても、別人説(5)と同人説(6)とで意見が分かれている。後者が大勢のようであるが、積極的な根拠が示されているわけではなく、上記のような政局の構図に当てはめただけの印象論にとどまっている。また、薬師寺に僧綱所があったことから、(7)僧綱職に在任した行信が「薬師寺僧」とされても矛盾しないとの指摘もよく見られるが、後述のように、行信は勝宝三年頃に僧綱職を辞任したらしく、同人説の根拠にはなりえない。これらの点についても、大僧都辞任前後の足跡を分析することで再考する余地がある。

筆者は前稿(8)にて、勝宝元年における聖武の受戒が大僧都行信の主導によるものであったことを指摘するとともに、戒師招請の気運高揚から鑑真渡来までの仏教界の趨勢をみることにより、「薬師寺僧行信」が同一人であることを整合的に説明できる、との展望を述べておいた。そこで本稿では、かかる仏教界の趨勢を詳しく追いつつ、当該期の行信の足跡を検証し、勝宝六年に発生した厭魅事件の直接的契機について考察する。

一　天平勝宝三年にいたる仏教界

戒師招請の気運の推移

戒師招請の気運は、入唐経験を持つ道慈が日本の僧尼の質を嘆いたことに端を発すると考えられている。(9)『続紀』天平一六年（七四四）一〇月辛卯（二）条の道慈卒伝によると、「今察二日本素緇行仏法軌模一、全異二大唐道俗伝聖教法則一」とあり、彼は入唐して日本の仏教界との間に大きな差異があることを痛感し、帰朝後に「愚志一巻」を著してその嘆きを述懐したという。当時の日本では、三師七証による厳密な受戒作法が整備されていなかったため、道慈は日本仏教界の不備を主張し、僧尼のあり方を批判したものと考えられる。

道慈は天平元年に律師となって僧綱入りし、(10)天平初期の仏教界に大きな存在感をもって貢献したが、そんな最中の天平五年（七三三）に入唐したのが、後に鑑真一向の招請を実現する栄叡と普照であった。『唐大和上東征伝』（以下『東征伝』）によると、入唐した栄叡と普照は、「唐国諸寺三蔵大徳、皆以二戒律一為二入道之正門一、若有二不レ持レ戒者一、不レ歯二於僧中一」という戒律重視の実態を目の当たりにし、「本国無二伝戒人一」という日本の実情を知ったことで、大福光寺の道璿を請じたとある。この記事では、かかる実情を知ったのは入唐後のことになっているが、『日本高僧伝要文抄』第三所載の栄叡伝・普照伝（『延暦僧録』逸文）では、入唐前に日本の戒律の不備が問題視されており、舎人親王の進言で入唐することになったという。また、『東大寺要録』巻一の本願章所載の元興寺僧隆尊伝でも、戒律の不備を嘆いた隆尊が舎人親王に懇願し、親王の奏によって栄叡を派遣したことになっている。親王への懇願が史実か否かは判じがたいが、隆尊は戒律に通じ、後に僧綱へ列することから、日本の戒律不備の実情を問題視する僧がいたことは確かである。先の道慈の嘆きも踏まえると、栄叡と普照は、唐の正当な伝戒師を招請する任務を帯びて入唐したと考えてよい。

先の『東征伝』に見えるように、この二人の請に応じてまず来日したのは道璿であった。『南天竺婆羅門僧正碑幷序』によると、菩提僊那と仏哲も同時に来日したという。後述するように、来日して一五年後の勝宝三年（七五一）四月には道璿が律師に、菩提は僧正に任じられ、翌年の大仏開眼会では菩提が導師、道璿が呪願師を務めた。ところが、この二人の渡来僧は、それまでの一五年間に全く目立った足跡を見せていないのである。とくに道璿は、戒師を求めて入唐した日本僧の請によって来日したはずであった。しかし、『内証仏法相承血脈譜』「大唐大光福寺道璿和上」所載の吉備真備述作「道璿和上伝纂」を見ても、「天平八歳、至レ自二大唐一。戒行絶倫、教誘不レ怠。至二勝宝三歳一、聖朝請為二律師一」とあるように、来日してから勝宝三年までの足跡は何も語っていない。他の史料[11]でも、来日して大安寺に住したこと、淡海三船や行表の師となったとの伝承が見えるのみである。「戒行絶倫」と評されただけに、行表や三船にも多少の影響は与えたであろうが、目立った動向がないところを見ると、伝戒師として活躍する機会はほぼなかったのであろう。

また、『東征伝』によると、道璿が来日するも栄叡と普照は唐にとどまり、さらに伝戒師をもとめて長安へと歩を進め、唐の天宝元年（七四二）一〇月には揚州に至ったとあるので、二人はより信頼できる伝戒師を捜し求めていたことが察せられる。先に来日した道璿もそのことを知っており、さらなる伝戒師の来日を待っていたのかもしれないが、いずれにしても、日本で三師七証に堪える僧を養成することは、彼一人では到底力に及ばなかったものと考えられる。日本仏教界の状況を嘆いていた道慈にしても、天平一〇年頃に律師を辞任したらしく、[12]同一六年に没している。また、戒律に精通し、舎人親王に進言したという隆尊も、勝宝三年に僧綱入りするまでは全く目立った経歴がない。

これらを概括すると、栄叡と普照が入唐した天平五年前後は、道慈の影響により戒師招請の気運が高まったようであるが、すぐにその気運は立ち消え状態になったと考えざるをえない。戒師として定評のある道璿が天平八年に来日するが、それでもなお日本の仏教界は、既存の受戒方法による比丘・比丘尼の輩出を正当とし続けたのである。戒師ではないが、菩提僊那にしても勝宝三年までは優遇された形跡が全く見られないところを見ると、既存のあり方を是とする勢力によって、渡来僧たちの台頭が阻まれていたようである。したがって、天平期の日本仏教界は、既存勢力を否定しかねない戒師招請の動きは到底受け容れられない状況であったと考えられるのである。

藤原仲麻呂政権下の僧綱人事

天平期後半における僧綱の顔ぶれを明確に知ることは難しいが、僧正の地位は、玄昉が同一七年に左遷されるまで在任し[13]、同年に行基が大僧正に就くが[14]、勝宝元年二月に没してからは空位であったとみられる。大僧都には、行信が同一九年に在任していたことが確認できる[15]。同一五年には彼の律師在任が分かるので[16]、おそらく僧正が交替した同一七年頃の就任と考えられる[17]。それ以外は、行達や栄弁といった僧[18]が僧綱職在任であった可能性はあるが、行信が大僧都在任中は他に綱政を執った僧は見出せない。

このように、道慈が僧綱を退いて以降の仏教界は、玄昉や行信が活躍を見せるが、戒師招請の動きや渡来僧の目立った活躍は全く認められない。このため、この頃の仏教界は既存のあり方を堅持する体制が強かったとみられる。

ところが、勝宝三年になるとこの構図が一変する。『続紀』同年四月甲戌（二二）条には、「詔、以二菩提法師一為二僧正一。良弁法師為二少僧都一。道璿法師・隆尊法師為二律師一」とあり、菩提がトップの僧正に、良弁が少僧都に、道璿と隆尊が律師に就いた。この四名は、いずれも初めての僧綱入りである。良弁は定かでないが、ほかの三名はいずれも大陸の最新の仏教事情に通じた僧、もしくはそれに与する僧である。隆尊は上記のように、日本の伝戒師不在を嘆き、戒師招請を進言していた僧で、彼自身も戒律に詳しいという。そして、天平八年に来日していた菩提と道璿もようやくここで僧綱入りする。彼らはそれまで目立った経歴がなく、旧来の勢力に阻まれていたと考えられるが、それがこの人事で渡来僧を中心とした新体制に全く一新されたのである。

当然のことながら、僧綱人事は仏教界だけでなく為政者の意向にも関わる問題である。当該期は、橘諸兄が正一位左大臣として政界を牽引し、政府のトップにあった。一方、孝謙天皇や光明皇太后の存在を背景に紫微中台が発足すると、その長官である紫微令に藤原仲麻呂が抜擢され[19]、太政官に次ぐ官司として権勢を振るい始めていた。先の僧綱人事は、このような政局のもとで実行されたのである。

仲麻呂政権下の仏教政策や彼の仏教観については、木本好信氏[20]や宮﨑健司氏[21]による研究がある。『類聚三代格』巻三「国分寺事」に所載される勝宝四年閏三月八日付の太政官符によると、国師交替の際には国司の解由状のようなものがないため、今後は資財を計会して損益を確認する手続きを行い、その書類を三通作成して僧綱、三綱、国司それぞれが保管することを定めている。その理由として、「素緇雖レ別於レ政仍同」とあるように、国政上は俗官も僧尼も異ならないと見える。また、『続紀』天平宝字四年（七六〇）七月庚戌（二三）条には、僧綱の奏上により僧位を修正しているが、その叙位の方法は「准勅授位記式」「准奏授位記式」とあり、ここでも俗官の手続きと同様にすることが定められている。仲麻呂政権下で進められたこれらの政策から、僧尼は国家の政策をつかさどる役人と同列であるという仲麻呂の意識が読み取れるのである。

さらに、『続紀』天平宝字元年（七五七）閏八月丙寅（二一）条には、僧侶の資質について布薩を奨励しており、戒律を重視する認識が見られる。先の政策と合わせて考えると、仲麻呂は、国政上の僧尼の位置づけは官僚と同列で、宗教的官僚とでもいえるものであり、そのための資質は戒律によって清浄性を保つことにあると認識していたことが分かる。仲麻呂が鑑真に深く帰依したことはよく知られているが[22]、それはかかる僧尼観に基づき、戒律に精通した僧を重宝したことによるのであろう。

このように見てくると、勝宝三年の僧綱人事において、唐の正当な戒律に詳しい道璿やそれに近い立場の隆尊らが任命されているのも、仲麻呂の僧尼観・戒律観によって抜擢されたものと考えてよい。翌年に行われた大仏開眼供養会でも、菩提が導師、道璿が呪願師、隆尊が講師として名を連ねており[23]、先の僧綱入りを機に、それまで表立った活躍を見せなかった顔ぶれが一気に日の目を見ることになったのである。その一方、前年まで大僧都であったはずの行信は、全くその名を見出せなくなり、明らかに表舞台から姿を消している。したがって、仲麻呂の政策になる人事によって、彼の僧尼観・戒律観とは相容れない既存の勢力、とくに従前の受戒方法を是とする勢力は一掃されたと考えられるのである。

二　鑑真授戒をめぐる相克

鑑真の来日と授戒

仲麻呂政権下において新たな仏教界の体制が発足したことを見てきたが、その数年後に一つの重要な画期を迎えることになる。すなわち、鑑真の来日と授戒である。

栄叡・普照の要請を受けた鑑真が来日するのは、道璿より二〇年近く後の勝宝五年一二月のことで、明くる勝宝

六年二月四日に一行は入京を果たす。『東征伝』によると、

> 其年四月初、於二盧舎那殿前一立二戒壇一。天皇初登壇受二菩薩戒一。次皇后、皇太子亦登壇受レ戒。尋為二沙弥証修等四百四十余人一授レ戒。又旧大僧霊祐・賢璟・志忠・善頂・道縁・平徳・忍基・善謝・行潜・行忍等八十余人僧、捨二旧戒一受二和尚所レ授之戒一。

とあり、同年四月に鑑真は東大寺盧舎那仏殿の前に戒壇を設け、戒師となって孝謙や聖武・光明らに菩薩戒を授戒した。その際、同時に四四〇人の沙弥にも授戒し、さらに「旧大僧」ら八〇人余の日本僧も旧戒を捨て、鑑真による新たな戒を受けたとある。ここにようやく、戒律が備わらなかった日本に正式な受戒がもたらされたのであり、戒律を重視する仲麻呂政権下の仏教界の趨勢が絶頂に達した時期といえよう。

しかし、『延暦僧録』逸文の普照伝では、この時の受戒の様子を次のように伝えている。

> 自レ至二聖朝一合国僧不レ伏、無戒不レ知二伝戒来由一、僧数不レ足。先於二維摩堂一已具叙竟。従レ此已後伏二受戒一。其中志忠・霊福・賢璟引二占察経一許二自誓受戒一。便将二瑜伽論決択分第五十三巻一詰云、諸戒容二自誓受一。唯声聞律儀不レ容二自受一。若容レ自者如レ是律儀都無二軌範一。志忠・賢璟等杜レ口無レ対。備以二衣鉢一受戒。

これによると、鑑真を師として受戒することに、日本の僧たちはこぞって反発したという。そして「維摩堂」(興福寺)における議論のすえ、多くの僧が伏したが、志忠・霊福・賢璟は引かず、『占察経』を引き合いに自誓受戒を主張し、三師七証による受戒を拒否した。結局、『瑜伽師地論』決択分によって声聞律儀は自誓受戒では許容されないとして論破され、口を閉ざしたという。ここで反発した賢璟らも、先の『東征伝』によれば、旧戒を捨てて新戒に従ったという。

これと同様に、次のような伝も見える。

僧録云、（中略）勝宝八年四月、於二盧舎那殿前一、天皇十八種物令三唐僧作二羯摩一。京城諸寺僧集。和上曰、今天皇羯摩十八種物、並唐僧進畢。近参二坐末一唐僧進二受戒一。少遠坐挙レ衆不レ伏。人々面作レ色之中、有二興福寺僧法寂一。起立大叫出二麁言一、忽倒レ地面殯。悉皆息心安隠作二羯摩一。従レ此已後一切所作無二諸笏難一已上。

（『東大寺要録』巻第四、諸院章「戒壇院」所載『延暦僧録』逸文）

ここには、鑑真らが諸寺の僧たちに受戒を勧めたところ、進んで受けた者もいれば、衆をあげて伏さなかった者も多くいたとある。そして、難色を示す者のうちの興福寺の法寂という僧は、鑑真に対して麁言をもって罵ったが、たちまち地に倒れてしまったという。このような伝承が史実かどうかは確かめがたいが、鑑真一派による新たな受戒方法が容易に受け入れられたわけではなかったことは疑えない。それまでは三師七証による受戒を行いえない以上、日本の僧たちは自誓受戒によって比丘・比丘尼を養成していたのであり、旧戒を捨てて鑑真から受戒するとなれば、従来の日本仏教のあり方を否定することになる。このため、新たな受戒の受容に対して反発する勢力が存在したことは当然である。

このような戒律観に関する新旧勢力の相克は、鑑真授戒の際に急に起こったわけではなかろう。その大きなきっかけは、旧勢力がほぼ一掃された勝宝三年の僧綱人事である。記録上は大きな対立があったようには見えないが、おそらくこの頃よりその火種は内包されていたはずであり、新体制に対抗心をもつ者が多く存在したことは十分想定できる。そして彼らの不満は、鑑真授戒に際して一気に噴出したのであろう。

二度の天皇受戒

勝宝六年の鑑真による天皇受戒は、諸氏が指摘するとおり[24]、この頃より重視の傾向がある『梵網経』に依拠したものであると考えられる。『東大寺要録』巻一の本願章「后」によると、勝宝六年七月一九日に没した藤原宮子の国忌について、「国忌於二戒壇院一修レ之。梵網会是也」とあり、彼女の追福を目的とした『梵網経』の書写事業も確認できる。[25] また、勝宝八歳（七五六）の年末には、国ごとに『梵網経』を講ずるための書写が命じられており、[26] 翌年に講説が実行されてもいる。[27]

この『梵網経』重視の情勢は、勝宝三年に僧綱入りした道璿の影響が大きかったと考えられる。彼は『梵網経』に造詣が深い戒律の専門家で、「道璿和上伝纂」によれば、常に「梵網之文」を読み、時期は不明ながら、『梵網経』所説の菩薩戒を解釈した『註菩薩戒経』三巻を著わしたという。勝宝八歳には彼に代わり、鑑真の弟子法進が律師となるが、彼も『註梵網経』の著述があり、『梵網経』をはじめとする戒律研究の大家であった。[28] この人事も、仲麻呂政権のもとに、道璿の影響による『梵網経』重視の姿勢が継続してなされたものといえるであろう。したがって、勝宝三年の僧綱一新をきっかけとして、律師に就任した道璿の影響のもとに『梵網経』への注目度が高まり、そんな中で鑑真による天皇受戒が行われたのである。

一方、これより以前の勝宝元年（七四九）、聖武天皇は自らを「三宝乃奴」「太上天皇沙弥勝満」[29] と称し、阿倍内親王（孝謙天皇）への譲位を断行した。『扶桑略記』天平二一（勝宝元）年正月一四日条によれば、聖武は行基を戒師として「卅戒」を受けたとあるが、前稿で論じたように、実際には行信が主体的に関わったとみられる。それは、『瑜伽師地論』を所依とした受戒であったと考えられる。

当時の受戒の慣行については、『三国仏法伝通縁起』巻下の律宗に「鑑真和尚已然、諸僧皆依二瑜伽一行二三聚浄戒自誓作法一」とあり、『瑜伽師地論』が重視されていたという。天平一三年（七四一）三月乙巳（二四）条の国分寺建立の詔には、毎月半ばに僧尼は「戒羯磨」を誦むべきことが見えるが、それは玄奘訳『菩薩戒羯磨文』一巻を指すとされ、『瑜伽師地論』の受戒法を抄出して一巻としたもので、三聚浄戒など菩薩戒に関する所説がある。[30]また、優婆塞貢進文にも「瑜伽菩薩地」[31]などとあるので、『瑜伽師地論』やその系統の仏典を所依とした自誓受戒が通行していたようである。[32]聖武の受戒もこれに依拠したもので、法相教学に通じた行信がその教説を教授していたのである。それは、従来の受戒体制を是とするなかで断行され、主導した大僧都行信は、当然ながらその既存勢力の筆頭であった。

この時の聖武は、明らかに出家と退位を合わせて意識していたようであるが、それは『瑜伽師地論』に説かれる転輪聖王の姿に相応する。すなわち、

謂諸菩薩住二別解脱律儀戒一時。捨二転輪王一而出家已。不レ顧二王位一如レ棄二草穢一。如有二貧庶一為二活命一故。棄二下劣欲一而出家已不レ顧二劣欲一。不レ如下菩薩清浄意楽捨二輪王位一而出家已不上レ顧二一切人中最勝転輪王位一。

（『大正新脩大蔵経』第三〇巻、五一一頁c）

とあるように、転輪聖王が王位を捨てて出家することは、貧庶な者が欲を捨てて出家することも及ばない菩薩行であると見え、王位を喜捨することに重要な意味があると説くのである。聖武はこの教説をもとに、自身を転輪聖王に准えて出家・退位したのである。

これに対し、勝宝六年に受戒した孝謙は、その後の四年間ほどは天皇在位のままであり、この点が聖武の場合と大きく異なっている。『梵網経』には、

仏言、若仏子、欲レ受二国王位一時、受二転輪王位一時、百官受レ位時、応三先受二菩薩戒一。一切鬼神救二護王身百官之身一、諸仏歓喜。

（『大正新脩大蔵経』第二四巻、一〇〇五頁a）

とあるように、転輪聖王として位を受け継ぐ者は菩薩戒を受けるべきことが見える。すなわち、受戒した国王はそ

の在位を仏教的に保証されるのであり、(33) そこに退位に関する言説はなく、『瑜伽師地論』が王位喜捨の功徳を説くのとは明らかに異なっているのである。

そして、この二度の天皇受戒の間には仏教界の再編があり、それぞれに関わった行信と鑑真の立場は正反対である。これを重視するならば、二度の受戒の意味は大きく異なってこよう。同じ転輪聖王の教説であっても、王の退位と在位のいずれを正当化するかという違いは大きく、新たな体制のなかで後者によって受戒したとなれば、前者を否定しかねないことになるからである。したがって、王権の権威補強という側面から両者を一連の事象として捉えることも可能であるが、(34) 仏教界との関係から見た歴史的位置づけには明確な違いがあることも決して看過できないのである。

三　大僧都行信と「薬師寺僧行信」

瑜伽論帳から見た行信の足跡

では、これまで見てきたような仏教界の趨勢において、大僧都行信はどのような足跡をたどったのであろうか。聖武の受戒に関わって、勝宝元年~四年に『瑜伽師地論』の間写が行信主導のもとに行われた。(35) その際に、造東大寺司写経所と僧綱所が本経の貸借をやりとりしており、その文書が「僧綱瑜伽論奉請啓」および瑜伽論帳(36)として残っている。前者を見てみると（奥異筆は省略）、

喩（瑜）伽論二巻　初一二両巻者

右、随校勘竟、且請如前、謹啓、

表1　瑜伽論帳の僧綱所及び行信発行文書

日付	署名（「　」は自署、／は日下改行）	大日古
勝宝元．9．9	／大僧都「行信」	11ノ74
勝宝元．11．11	僧善釈／大僧都「行信」	11ノ74～75
勝宝2．2．20	史生僧善釈／大僧都「行信」	11ノ75～76
勝宝2．3．12	史生僧善釈／大僧都	11ノ77
勝宝2．8．15	佐官「勝福」	11ノ79
勝宝3．7．12	請使紫微台舎人少初位上下道主／僧「行信」	3ノ512

表2　瑜伽論帳の造東大寺司発行文書

日付	書き出し	書き止め（「　」は異筆）	大日古
勝宝2．2．20	造東大寺司牒上　僧綱政所	右、依常例、且奉請如件、「以牒上」	11ノ75
勝宝2．3．11	造東大寺司牒上　僧綱務所	右、依常例、且奉請如件、以牒上	11ノ76～77
勝宝2．8．15	造東大寺司牒上　僧綱務所	右、依常例、且奉請如件、以牒上	11ノ78
勝宝2．11．5	造東寺司牒上　僧綱務所	右、依常例、且奉請如前、以牒上	11ノ79～80
勝宝3．7．11	造東寺司牒上　僧綱務所	右、依常例、奉請如前、以牒上	11ノ80
勝宝4．3．16	造東大寺司	右、（中略）充使令向如前	3ノ563～564

　　　　天平感宝元年四月廿三日史生僧善釈
　　大僧頭「行信(自署)」（続々修一五ノ九、大日古九ノ六〇一4～8）

となっており、後者所載の僧綱所発行文書はやりとりした巻次が異なるが、おおむね同様の形式になっている。その署名を見ると（表1）、彼は勝宝二年二月二〇日までに大僧都として三度自署し、三月一二日は大僧都の署名予定があるので、この頃までは在任であったはずである。ところが、八月一五日になると署名予定もなく、翌年七月一二日に至っては、「僧「行信(自署)」」とあり、大僧都の肩書がなく「僧」とあるだけなのである。そして、勝宝三年の僧綱人事はちょうどこの期間に当たっている。勝宝四年四月の大仏開眼会に全く姿を見せていないところを見ても、やはり行信は、この人事で新旧勢力が入れ替わるのにともなって僧綱職を退いたと見て間違いない(37)。

　なお、七月一二日には、日下に紫微中台舎人の下道主の署名があるが、その肩書をもって仲麻呂派の人物であるとは必ずしもいえない。彼はこの頃、使として写経所など所々に仕える身であったらしく(38)、瑜伽論帳によれば、度々僧綱所からの使としても見え(39)、行信の辞任以前から、いわば専属の使として僧綱所へ出入りしていたようである。このため、道主は行信からの信頼を得ていた可能性があり、辞任後の彼のもとでも「請使」として従事していたのであろう。

辞任後の行信であるが、瑜伽論帳に六通ある造東大寺司発給文書（草案）を見比べると、極めて興味深いことに気づく（表2）。勝宝二年中の四通は、いずれも造東大寺司が僧綱所宛に牒の様式で発給しているが、翌年七月一一日付の文書は、

造東大寺司牒上　僧綱務所

（中略）

右、依常例、奉請如前、以牒上、

天平勝宝三年七月十一日主典従七位下美努連

次官正五位上兼行大倭介佐伯宿禰

知事玄蕃正五位下　　王

とあるように、宛名と様式だけが抹消されているのである。この翌日に上記の「僧行信」発給文書があるので、両日のやりとりは造東大寺司と行信との間で取り交わされたことが分かる。宛名が抹消されているのは、当然彼が僧綱職ではなくなったからであるが、問題はその居所がどこかである。

ここで重要なのは、抹消されたのに訂正がない点である。次のやりとりの勝宝四年三月一六日は、書き出しは「造東大寺司」とあるのみで宛名はなく、書き出しと書き止めのいずれにも「牒上」などの様式は見えず、上記文書の抹消されたとおりの書式になっている。この時まで造東大寺司が行信の居所を把握できなかったとは考えにくく、むしろ、宛先や様式を書くことをあえて憚ったように見受けられる。これは、相手が天皇や太上天皇の居所で

あるからではなかろうか。内裏などへの文書の場合に宛名を書くことはないし、天皇への上申文書は奏で、太上天皇への上申は律令に規程が存在しない。このため、最も可能性が高いのは、聖武太上天皇が御在所とした薬師寺宮である。

この頃の僧綱所は薬師寺にあったと考えられ、大僧都在任中は当然そこにいたはずである。そして、行信の関与のもとに受戒した聖武は、勝宝元年七月に譲位する直前、薬師寺宮を御在所とした[40]。前稿で述べたが、これは、自身が「三宝乃奴」「太上天皇沙弥勝満」であることを保証、ないし記念する『瑜伽師地論』を所依として、譲位・出家後の去就についても教学的な側面から行信の助言などを希求したことによると考えられる。そして行信は、勝宝三年四月に大僧都を退くが、僧綱所と同じく薬師寺内にある聖武の御在所に身をおいたのではないか。こう考えると、行信宛の文書が上記のような書式であったことと辻褄が合うのである。

「薬師寺僧行信」との関係

聖武がいつ頃まで薬師寺宮に滞在したのかはよく分からない。せいぜい一〇ヶ月程度だったと見る向きもあるが[41]、先に見た勝宝四年三月一六日付の文書には宛先が記されていないので、少なくともこの時までは、聖武も行信も薬師寺宮が居所であったと考えられる。

大僧都を退いた行信であったが、薬師寺宮に身を置くことで、その後もしばらくは聖武との関係を保っていたようである。旧体制の筆頭格である行信にとって、勝宝三年の人事は当然好ましいものではなかったはずである。薬師寺宮でどのような生活を送っていたのかは定かではないが、かかる人事によってそれまでの活躍は全く身を潜めた。それでも、しばらくはそこで静かに復権の機会を狙っていたのではなかろうか。そのための唯一の頼みの綱は、聖武との関係を維持することであった。

しかしそれもむなしく、仲麻呂政権下における仏教政策のもと、勝宝六年に聖武・光明・孝謙が鑑真より菩薩戒を受けた。それは勝宝元年の際とは大きく異なり、『梵網経』が説く国王の去就に依拠したものであった。多くの僧も同時に具足戒を受けたが、彼らが旧戒を捨てたとある以上、それまでの受戒体制は否定されたことになり、天皇の受戒もそれに等しい。聖武が先に受けた戒が『扶桑略記』にいう菩薩戒であった場合、新たに菩薩戒を受けたとなれば、旧戒を捨てたも同然である。行信にとってみれば、皇位継承という重要な問題に関わる聖武の受戒に積極的に貢献したにも関わらず、その尽力を無下にされてしまった格好になるのである。僧綱から退いてもしばらくは聖武との関係を維持していたようであるが、それが復権の唯一の望みであったとすれば、新たに受戒した聖武への不満はなおさら大きかったと考えられる。

その同じ年に発生したのが、「薬師寺僧行信」の厭魅事件である。事件は勝宝六年一一月二四日に記されているが、これは発覚ののち処分を下した日時であり、厭魅を行ったのはもう少し早いはずで、四月の鑑真授戒の直後であった可能性が高い。このような時期に発生したことと合わせて、大僧都としての行信の立場や薬師寺宮に身をおいていたことなども踏まえると、「薬師寺僧行信」はやはり同一人と考えるのが合理的である。

このように見ると、行信が厭魅した対象は仲麻呂と見る説もあるが[42]、むしろ、鑑真授戒に関わった人々と見た方がよい。ひいては、聖武がその対象であった可能性もあるのではないか。

太上天皇を厭魅したとなれば、死罪にも相当するはずであるが[43]、行信に科せられた「配二下野薬師寺一」という刑は決して重いものではなく、還俗すらさせられていない。この頃の法意識や法運用は未成熟で、必ずしも法に準拠した処断が行われなかった事例の一つともいえるが[44]、大僧都としての活躍や聖武受戒に尽力した功績による温情の処置なのではあるまいか。『続紀』天平宝字元年（七五七）六月甲辰（二八）条には、勝宝七歳一一月に橘諸兄が酒の席で聖武に対して無礼な発言をし、孝謙や仲麻呂によって関係者への勘問がなされたが、聖武は諸兄を咎めず、光明も穏便に処理するよう進言している。ここに、聖武・光明と孝謙・仲麻呂との温度差が感じられるのであり、おそらく両者の間では、諸兄や行信といった聖武朝に功績のある者に対する処遇に違いがあったとみられる。

また、後に造下野国薬師寺別当に任ぜられた道鏡も、「奸謀発覚」という斬刑に当たる罪とされながら、その処遇は左遷であって、「今顧二先聖厚恩一、不レ得二依レ法入一レ刑(46)」「以二先帝所一レ寵、不レ忍レ致レ法(47)」として科刑すらされなかった。このほか、減刑のない八虐にあたる罪を犯すも称徳の「有レ所レ思」によって許された不破内親王(48)、死罪にあたる巫蠱を行うも慈しみによって減刑された県犬養姉女らの例(49)もあり、幾度も厭魅を行ったという井上内親王(50)も死罪にはなっておらず、その従者らも「思須保大御心」により遠流に減刑されている(51)。これらの例を見ると、功績のある人物や近親者に対する処罰は、温情によって減刑される場合が多かったことが分かる。

すると、聖武や孝謙・光明への貢献が大きい行信の場合も、聖武が在世中であればなおさら温情による減刑はありえたはずである。行信へ科せられた刑の軽さも、そのような事情があったことによるのであろう。このため、厭魅の対象は仲麻呂ではなく、聖武であった可能性を呈示しておきたい。

おわりに

勝宝六年の厭魅事件は、これまで発生の直接的契機や厭魅の対象、さらに当該期の仏教界における行信の立ち位置までは具体的に検討されず、漠然と反仲麻呂派の不満が噴出した事件とされてきたように思う。その不満が早い段階から募っていたことは確かであり、諸兄の無礼発言や奈良麻呂の変と同様に、仲麻呂政権への敵対という点で通底することは否めない。しかし、単純にこれらを同列に捉えていては、奈良麻呂の変より三年も前に厭魅という形で現出することの意味を十分説明することはできない。この事件は、直接的には聖武が新たに受戒したことが契機となったと考えられ、その前提には、戒師招請の気運や仲麻呂政権下の僧綱人事などの仏教界の趨勢があり、そこに聖武との緊密性を持った行信が絡んで発生したものであったのである。このような観点から見ることによって、大僧都行信と「薬師寺僧行信」が同一人であることは、より蓋然性を帯びてこよう。

奈良時代の政治と仏教の関係を想起すると、王権との密接な関係を有する僧は、それによる権力増大から没落へというパターンが見て取れる。玄昉は内道場に供奉し、僧正まで登りつめたが左遷となり、道鏡は法王禅師となり皇位を窺うも左遷となった。行信は、大僧都にとどまるとはいえ、光明や阿倍内親王とも聖徳太子顕彰を通じた信仰的繋がりを持ち、聖武とは出家と退位という極めて重大な問題に関わり、王権との関係の深さでいえば、玄昉や道鏡に比肩するといえる。日本仏教の興隆期である奈良時代、とくに聖武~称徳朝は、仏教と政治が突出した密接性を見せるが、行信という一僧侶もそれに深く関係し、それがために、政局の動向に大きく翻弄されたのであった。

注

(1) 以下、『続日本紀』は『続紀』、天平勝宝は勝宝と略記する。

(2) 宮地直一『八幡宮の研究』(理想社、一九五六年)、竹園賢了「八幡神と仏教との習合」(中野幡能編『民衆宗教史叢書 第二巻 八幡信仰』、雄山閣出版、一九八三年、初出一九五九年)、神居敬吉「天平勝宝六年の「厭魅」弾圧事件」(『歴史評論』二三九、一九七〇年)。

（3）横田健一『道鏡』（吉川弘文館、一九五九年）、中野幡能『八幡信仰史の研究』（吉川弘文館、一九六七年）、岸俊男『藤原仲麻呂』（吉川弘文館、一九六九年）。

（4）木本好信「仲麻呂と宇佐八幡」（同『藤原仲麻呂政権の基礎的考察』、高科書店、一九九三年、初出一九八九年）、飯沼賢司『八幡神とはなにか』（角川選書、二〇〇四年）、瀧浪貞子『敗者の日本史2　奈良朝の政変と道鏡』（吉川弘文館、二〇一三年）、松本信道「行信の伝記に関する諸問題」（『駒沢大学文学部研究紀要』七二、二〇一四年）、本郷真紹「聖武天皇の生前退位と孝謙天皇の即位」（『日本史研究』六五七、二〇一七年）、中村順昭『橘諸兄』（吉川弘文館、二〇一九年）、本郷真紹「称徳朝神仏関係の再検討――西大寺と八幡弥勒寺――」（『立命館史学』四〇、二〇二〇年）。

（5）日下無倫「行信僧都の事蹟について」（同『真宗史の研究』、平楽寺書店、一九三一年、初出一九一九年）、富貴原章信『日本唯識思想史』（大雅堂、一九四四年）、たなかしげひさ「元興寺行信・薬師寺行信と法隆寺行信」（『史跡と美術』四一‐六、一九七一年）、など。

（6）鶴岡静夫「沙門行信」（同『古代仏教史研究』、文雅堂銀行研究社、一九六五年）、神居敬吉「天平勝宝六年の「厭魅」弾圧事件」（注（2）前掲）、吉田一彦「行信厭魅事件における法の運用」（『続日本紀研究』二四二、一九八五年）、木本好信「仲麻呂と宇佐八幡」（注（4）前掲、以下同じ）、飯沼賢司『八幡神とはなにか』、瀧浪貞子『敗者の日本史2　奈良朝の政変と道鏡』、松本信道「行信の伝記に関する諸問題」、本郷真紹「聖武天皇の生前退位と孝謙天皇の即位」、中村順昭『橘諸兄』など。

（7）『続紀』養老六年（七二二）七月己卯（一〇）条。

（8）拙稿「天平勝宝元年の王権と行信」（『古代文化』七一‐四、二〇二〇年）。

（9）佐久間竜「渡来後の鑑真――戒師招請をめぐる問題――」（同『日本古代僧伝の研究』、吉川弘文館、一九八三年、初出一九六〇年）。

（10）『続紀』天平元年（七二九）一〇月甲子（七）条。

（11）『大安寺碑文』、『延暦僧録』逸文「淡海居士伝」（『日本高僧伝要文抄』第三所載）、『内証仏法相承血脈譜』「大日本国大安寺行表和上」。
（12）松本信道「道慈の律師辞任とその背景」（『駒沢史学』七九、二〇一二年）。
（13）『続紀』天平一七年（七四五）一一月乙卯（二）条。
（14）『続紀』天平一七年（七四五）正月己卯（二一）条。
（15）『大日本古文書（編年文書）』三巻九一頁。以下、大日古三ノ九一のように記す。
（16）大日古八ノ一八六。
（17）中井真孝「奈良時代の僧綱」（同『日本古代仏教制度史の研究』、法藏館、一九九一年、初出一九八〇年）。
（18）『続紀』天平一〇年（七三八）閏七月乙巳（九）条、同一一年一〇月丙子（一七）条。
（19）『続紀』勝宝元年（七四九）八月辛未（一〇）条。
（20）木本好信「仲麻呂の仏教政策と僧綱」（注（4）前掲書所収、初出一九八五年）。
（21）宮﨑健司「藤原仲麻呂政権と仏教」（同『日本古代の写経と社会』、塙書房、二〇〇六年、初出一九九一年）。
（22）木本好信「仲麻呂と鑑真」（注（4）前掲書所収、初出一九八四年）。
（23）『東大寺要録』巻第二、供養章第三「開眼供養会」。
（24）石田瑞麿『鑑真――その戒律思想――』（岩波書店、一九七四年）、根本誠二「奈良仏教の戒律」（同『奈良仏教と行基伝承の展開』、雄山閣出版、一九九一年、初出一九八五年）、上川通夫「天平期の天皇と仏教――菩薩戒の受戒をめぐって――」（同『日本中世仏教形成史論』、校倉書房、二〇〇七年、初出一九八九年）、川﨑晃「聖武天皇の出家と受戒をめぐる臆説」（同『古代学論究――古代日本の漢字文化と仏教――』、慶應義塾大学出版会、二〇一二年、初出二〇〇四年）。
（25）遠藤慶太「中宮の追福――藤原宮子のための写経と斎会――」（『正倉院文書研究』七、二〇〇一年）。
（26）『続紀』勝宝八歳（七五六）一二月己酉（三〇）条。

(27) 『続紀』勝宝九歳(七五七)正月甲寅(五)条。
(28) 木本好信「仲麻呂政権と法進」(注(4)前掲書所収、初出一九八四年)。
(29) 『続紀』勝宝元年(七四九)夏四月甲午朔条、閏五月癸丑(二〇)条。
(30) 石田瑞麿『鑑真』(注(24)前掲)。
(31) 大日古二ノ三三三、八ノ一六二。
(32) 石田瑞麿『日本仏教における戒律の研究』(中山書房、一九七六年、初版一九六三年)、同『鑑真』(注(24)前掲)、根本誠二「奈良仏教の戒律」(注(24)前掲)、山本幸男「奈良朝仏教界と『占察善悪業報経』——鑑真来朝の意義をめぐって——」(『続日本紀研究』四二三、二〇二一年)。
(33) この教説から、鑑真授戒は孝謙在位の正当性を仏教により補強する意味合いがあったとされる。河上麻由子「聖武・孝謙・称徳朝における仏教の政治的意義——鑑真の招請と天皇への授戒からみた——」(同『古代アジア世界の対外交渉と仏教』、山川出版社、二〇一一年、初出二〇一〇年)。
(34) 河上氏(注(33)前掲)は、孝謙の即位以前より聖武・光明とともに継続して仏教による権威強化が図られていたと指摘する。
(35) 拙稿「天平勝宝元年の王権と行信」(注(8)前掲)。
(36) 続々修一〇ノ二五(大日古一一ノ七二〜八〇)+続修四二(大日古三ノ五一二、五六三〜五六四)。文書名は東京大学史料編纂所編『正倉院文書目録』(東京大学出版会)によった。
(37) 中井氏(注(17)前掲)は勝宝二、三年の辞任か解任と見ている。
(38) 大日古三ノ四二七など。
(39) 大日古一一ノ七四・七六・七九。
(40) 『続紀』勝宝元年(七四九)閏五月丙辰(二三)条。
(41) 瀧浪貞子「奈良時代の上皇と「後院」——後院の系譜(その一)——」(同『日本古代宮廷社会の研究』、思文閣出版、一九九一年、初出一九八二年)。

(42) 瀧浪貞子『敗者の日本史2　奈良朝の政変と道鏡』(注(4)前掲)。

(43) 厭魅自体の量刑は、賊盗律17で「以二謀殺一論、減二二等一」とある。

(44) 吉田一彦「行信厭魅事件における法の運用」(注(6)前掲)。

(45) 名例律6の「八虐」中の謀反にあたるとすれば、賊盗律1で斬になる。

(46)『続紀』宝亀元年(七七〇)八月庚戌(二一)条。

(47)『続紀』宝亀三年(七七二)四月丁巳(六)条。

(48)『続紀』神護景雲三年(七六九)五月壬辰(二五)条。

(49)『続紀』神護景雲三年(七六九)五月丙申(二九)条。

(50)『続紀』宝亀三年(七七二)五月丁未(二七)条、同四年一〇月辛酉(一九)条。

(51)『続紀』宝亀三年(七七二)三月癸未(二)条。

石山寺写経機構の性格について

――勅旨省の成立・仕丁養物請求――

山下有美

はじめに

本稿の目的は、天平宝字六年（七六二、以下宝字、勝宝と略す）の石山寺写経機構[1]の性格を明らかにすることである。石山寺写経機構の運営は、別当造東大寺司主典安都雄足と案主散位上馬養・下道主が担い、この三人は同時に石山寺の造営機構である造石山寺所（造石山院所）の運営も担当していた。しかし、造営機構は明らかに造東大寺司内の「所」であるのに対し[2]、写経機構はそうではない。一体どのような性格の「所」なのか、これまで明確にされてこなかった。

これについて中村順昭氏は[3]、坤宮官仕丁の逃替（逃亡した仕丁の替え）が石山寺写経機構に充てられていることから、次の論点を提示した。(1)光明皇太后没後、坤宮官は廃止されるが、坤宮官が管理していた家産は孝謙太上天皇に継承され、坤宮官が勅旨省になったのではないか。(2)石山寺写経機構の仕丁の養物が「省家」に請求されているのは、石山寺写経機構の上級官司が勅旨省だからではないか。私はこの二点に刺激を受け、石山寺写経機構の性格を解明する必要を痛感した。最近柳沢菜々氏が[4]、天皇の家産機関の観点から勅旨省の成立について論じ、中村氏の論点にも言及した。示唆に富む論考であるが、様々な点で私見とは異なる。勅旨省成立の問題は、やはり政治情勢との関係抜きには解けないと私は考える。石山寺写経機構の解明のためには、勅旨省とその前身機構について考察しなくてはならず、最初にこの問題を取り上げ、次に石山寺における写経事業から考察し、最後に仕丁の養物請求のあり方を扱う。

前提として石山寺写経機構の概略をみておく。石山寺写経機構の初見は宝字六年正月、終見は同年一二月で、関係文書を表1に一覧した（以下表1の史料を用いる場合は表の番号で示す）。「石山寺奉写大般若所」（類似表現含む）がおそらく正式名称と思われる。二〜三月頃、石山寺から石山院と寺名変更したのに伴い写経機構名も変わる。造営担当の造石山院所からは「経所」と呼ばれた。別当安都雄足の署名があれば石山寺写経機構の発行文書、一方案主上馬養・下道主のみが署名したものは雄足宛ての内部文書である。孝謙発願の大般若経六〇〇巻と理趣分二巻を二月〜一一月（四〜七月の中断を挟む）に写経し、一二月に奈良の造東大寺司写経機構に移動（表1の32・33）、七年九月に孝謙の内裏に奉請した（続々修四ノ二十⑤、十六ノ四二〇〜四二一）。六年四〜七月には割り込むようにして『観世音経』百巻が写経されたが、これは孝謙の病気平癒祈願に関わる写経である。

表１　石山寺写経機構関係の文書（宝字６～７年）

No.	年.月.日	文書冒頭	書止	日下署名／連署　「自署」	内　容	宛先	史料
1	6.正.16	石山寺奉写大般若所	なし	なし	雑物８種(紙・帙・綺・軸・菀・刀子・盆・漬菜)を内裏に請う。	(孝謙の内裏)	続修後集28⑤、5/58
2	6.正.18	造石山(寺)所解　申請雑物等事	以解	主典安都	釜(役夫等料理料)・大辛櫃(僧都御室用料)とともに勅旨大般若紙打料の紙打石１顆を請う。	(造東大寺司政所)	続々修18-3[1]、15/138・解３
3	6.正.23	告　経所他田上案主等	以告	下／主典安都	a紙打石１顆・小明櫃15合(経納)・下纏藺11把・膳部弓削伯万呂を能登忍人に部領させて造石山寺所に参向させよ。b召すべき経師８人、穴太雑物・広田浄足(奏済み)・淡海金弓・秦家主・張藤万呂・万昆太智・丸部（人主)など手階の良い経師７、８人ばかりを上馬養が引率して２月３日までに参上せよ。	経所案主他田水主・上馬養	続修44⑬⑫裏、15/142・解８
4	6.2.14	奉写大般若所解　申請替逃仕丁事	以解	別当主典正８位上安都	丈部高虫の逃替仕丁を請う。	(造東大寺司政所)	続々修18-3[4]、15/152・解25
5	6.2.30	造石山寺所解　申請雑物事	以解	主典安都	a土工１人・黒葛50了(堂僧坊壁塗檜皮葺料)、b舎人道豊足(写経所雑使として使うため)を秦足人に附して請う。	造東大寺司政所	歴49宮内庁書陵部蔵、未収・続々修18-3[5]、15/156・解35
6	6.3.6	造石山院所	なし	案主散位従８位上下／造東大寺司主典安都	散位従７位下張敷治麻呂を勅旨大般若写経のため請う。	(散位寮)	続修別集１⑥、15/157・解40
7	6.3.6	造石山院所	なし	案主散位従８位上下／造東大寺司主典安都	(左)大舎人従８位下物部毗登塩浪を勅旨大般若写経のため請う。	(左大舎人寮)	続々修18-3[6]、15/159・解41
8	6.3.13	奉写石山院大盤(般)若所	なし	案主散位従８位上(下脱)／造東大寺司主典安都	大舎人２人、従８位下物部毗登塩浪(校生)・少初位下信濃虫麻呂(経師)を勅旨大般若写経のため請う。	(左大舎人寮)	続々修18-3[9]・[10]15/163・解51
9	6.3.13	奉写石山院大般若所	なし	案主散位従８位上下「道主」／造東大寺司主典正８位上安都「雄足」	同上	(左大舎人寮)	続修44②、5/141

10	6．3．20	奉写石山大般若所解　申請仕丁等国養物事	以解	案主散位従８位上下／造東大寺司主典安都	仕丁５人(矢作真足・久須原部広嶋・占部小足・漢部千代・多米牛手)の国養物を、右大舎人従８位下物部毗登塩浪に附して請う。　＊給銭の追記あり	(太政官)	続々修18-3⑫、15/170・解63
11	6．4．6	石山寺写経所解　申請仕丁等去２月幷３月養物事	以解	案主散位従８位下上／別当造東大寺司主典正８位上安都	仕丁５人(矢作真足・占部小足・漢部千代・久須原部広嶋・多米牛手)の２ヶ月分の月養物を請う。	(造東大寺司政所)	続々修18-3⑰、15/181・解80
12	6．4．27	奉写石山院大盤(般)若所牒　右大舎人寮「未送」	以牒	案主散位従８位下上／造東大寺司主典正８位上安都	舎人従８位下物部毗登塩浪の今月上日を報告する。	右大舎人寮	続修後集33(1)裏、15/194・解102
13	6．5．14	石山院奉写大般若所牒　竪子所　「止」	以牒	散位従８位上下／別当造東大寺司主典正８位上安都奈良	竪子正７位上穴太雑物の２月１日～５月14日上日を大舎人正７位上能登忍人に附して申送する。	竪子所	続々修18ノ3㉗、15/204・解119
14	6．5．14	石山院奉写大般若所牒　竪子所	以牒	散位従８位上下「道主」／別当造東大寺司主典正８位上安都(奈良)	同上	竪子所	続修別集８②前半、５/231
15	6．5．14	石山院奉写大般若所　左衛士	なし	案主散位従８位上下／別当造東大寺司主典正８位上安都	仕丁私部広国と梶１枚を請う。右の仕丁は勅旨経写経に預かり、山作所から夫らの粮を受け取りに院家に来て帰る途中で衛士日下部千足に船を盗んだ容疑で縛られたが、事情を説明するため散位少初位上工広道を使に充て処分を請う。	左衛士	続々修18-3㉘、15/205・解121
16	6．5．14	石山院奉写大般若所	なし	案主散位従８位上下「道主」／別当造東大寺司主典正８位上安都「雄足」	同上	(左衛士)	続修44④、５/230
17	6．5．16	石山院奉写大般若所解　申請仕丁等月養物事	以解	案主散位従８位上下／別当造東大寺司主典正８位上安都	仕丁５人(占部小足・久須原部広嶋・矢作真足・漢部千代・多米牛手)の正月～４月の４ヶ月分の月養物を左大舎人正７位上能登忍人らを使に充て請う。	(太政官)	続々修18-3㉘、15/206・解123
18	6．5．17	石山院奉写大般若所牒　竪子所	以牒	案主散位従８位上下／別堂(当)造東大寺司主典正８位上安都	竪子正７位上穴太雑物の正月11日～５月17日の上日を左大舎人正７位上能登忍人に附して申送する。	竪子所	正集６(2)裏、15/209・解127

19	6.6.21	石山院奉写大般若所解　申請仕丁等月養物事	以解	案主散位従8位下上／別当造東大寺司主典正8位上安都	仕丁4人(久須原部広嶋・矢作真足・漢部千代・多米牛手)の正月～5月の5ヶ月分の月養物を請う。	(太政官)	正集6(3)裏㋜続々修18-3㉚、15/215・解136
20	6.6.21	石山院奉写大般若所解　申請逃仕丁替事	以解	案主散位従8位下上／別当造東大寺司主典正8位上安都	立丁占部小足が5月7日逃走したのでその替を請う。	(太政官)	続々修18-3㉚、15/216・解137
21	6.8.4	石山院奉写大般若所　竪子所	以牒	散位従8位下上／別当主典正8位上安都	竪子正7位上穴太雑物の5月15日～7月29日の上日と2月1日～7月29日行事を本人に附して報告する。	竪子所	続修別集8②後半、15/234
22	6.9.1	石山院奉写大般若経所解申請仕丁等月養物事 (訂正後)石山院奉写大般若経所	謹解	主典正8位上安都	仕丁2人(久須原部広嶋・漢部千代)の正月～8月の仕丁廝の月養物(綿8屯・庸布12段)を請う。	(太政官) (訂正後－造東大寺司政所)	続修9⑧裏、未収㋜続修26⑨裏、16/1・解164
23	6.9.2	奉写勅旨大般若経所移一文部省	以移	別当造東大寺司主典正8位上安都	書生大初位上淡海石(金)弓の2月1日～7月29日の上日と行事を報告する。	文部省	続修26⑨裏、16/1・解165
24	6.9.2	奉写勅旨大般若経所移左大舎人寮	以移	別当造東大寺司主典正8位上(安都)	従8位下物部毗登塩浪・少初位下信濃虫万呂の2月1日～7月29日の上日と行事を報告する。	左大舎人寮	続修26⑨裏㋜続修19⑤裏、16/1・解166
25	6.9.2	奉写勅旨大般若経所移散位寮	以移	別当造東大寺司主典正8位上安都	従7位上山下老・従7位下張布治万呂・大初位上鬼室石次・大初位下秦家主・大初位下万昆太智・少初位上張兄万呂の2月1日～7月29日の上日と行事を報告。	散位寮	続修19⑤裏、16/2・解167
26	6.9.9	石山院奉写大般若経所解　申奉返本経事	以解	領上馬養	大般若経の本経14帙(明細あり)を写経し終えたので弓削伯万呂に附して奉請する。	(安都雄足)	続々修18-3㉟、15/243・解168
27	6.9.14	石山院奉写経所解　申削(消)息事	なし	上(馬養)	a阿弥陀仏像1舗納櫃1合。b菩薩彩色料の残銭進上事。c経師布施事。d仕丁漢部千代が今月11日逃亡。e大般若経280巻写経終了。5条の事を乙足に附して申送する。	(安都雄足)	続々修18-3㊱、15/243・解169

28	6．9．30	石山院奉写大般若所解 申上日事	以解	領下／主典安都	7人(主典安都雄足・領上馬養・下道主・阿刀乙万呂・弓削伯万呂・装潢能登忍人・画師上楯万呂)の今月上日を申送する。	(造東大寺司政所)	続々修18-3㊲、15/245・解171
29	6．10．3	石山院奉写大般若経所	なし	主典正8位上安都	仕丁3人(矢作真足・久須波良部広嶋・多米牛手)の正月～9月の月養物(綿18屯・庸布18段)を請う。	(造東大寺司政所)	続々修18-337、15/246・解172
30	6．10．28	石山院奉写大般若所解 申10月上日事	なし	領上／主典安都	5人(領上馬養・下道主・阿刀乙万呂・弓削伯万呂・装潢能登忍人)の今月上日を申送する。	(造東大寺司政所)	続々修18-3㊲、15/247・解174
31	6．11．30	石院務所解　申応(請)月養仕丁事	以解	主典正8位上安都	仕丁3人(矢作真足・久須波良部広嶋・多米牛手)の正月～11月の月養物(綿30屯・庸布18段)を請う。	(造東大寺司政所)	続修44④裏、15/248・解175
32	6．12．5	石山院	なし	下	大般若経600巻(今写)・理趣分1巻・布綱9条を尾張月足に附して奉請させる。	(安都雄足)	続修20⑨裏、15/250・解177
33	6．12．5 申時	石山院	以解	下道主	a大般若経600巻・理趣分1巻・納櫃3合(在道封)・布綱3条を奉請させる。b本経1櫃・残紙等1櫃は担夫がなく奉請できず。c私御持経残紙は同櫃にあるが上案主の封がありこの度は奉請しない。d残った食物を勘注申上。但し布類と銭は上案主と共に勘知し道主が参上する。以前勘注し申上する。道主は板写公文未了と雑散殿々物を一殿に収置するため10日以降参上の予定。e板写公文読み合わせと食口抜出のため2日間阿刀乙万呂を請う。	(安都雄足)	続々修4-21(2)裏、5/289
34	6．12．8 辰時	石山院	なし	なし	大般若経本経1辛櫃・残紙1辛櫃・経机1前・布綱7条・布浄衣3領・筥形1基を担夫の員に随い弓削伯万呂に附して進上する。	(安都雄足)	続修20⑨裏、15/250・解178

35	6.12.8 辰時	石山院	以解	下道主	a大般若経本経1辛櫃・残紙1辛櫃・経机1前・布綱7条・布浄衣3領・筥形1基を担夫の員に随い進上。b進上した仕丁と領舎人を早速返却してください。先日仰せ遣わした残った末醤類と雑物を持たせて参上させる。以前、弓削伯万呂に附して進上する。	（安都雄足）	続々修18-3裏39、5/288
36	6.12.24	石山院奉写大般若所解 申進返仕丁等事	以解	別当造東大寺司主典正8位上安都	仕丁5人のうち占部小足・漢部千代の2人は逃亡。残る矢作真足・久須波良部広嶋・多米牛手の3人は事業が終了したので進返する。	（太政官）	続修20⑨裏㋕ 続々修18-3 38、15/251・解179
37	6.12.24	石山院奉写大般若所解 申進返仕丁等事	以解	造東大寺司主典正8位上安都	同上	（太政官）	続々18-4裏1、5/327
38	6.12.-	石山院奉写大般若経所解 申進返残雑物事	謹解	なし	大般若経1部・理趣経2巻・観世音経100巻を写し終えた余りの紙698張料の雑物・食物の進返予定数量を波和良紙656張分の写経用度（銭・食物）として報告する。	（太政官）	続々修18-3 38・39、15/252㋜ 続修49⑧(2)裏、16/118・解180
39	7.5.6	経所解 申進入釜事	以解	領下／主典安都／領上	石山院大般若経料の鉄釜2口は奈良没官司坂上小老所より請け用いたものだが、造寺司に安置し使用せよという大師（仲麻呂）4月29日宣により進入する。	（造東大寺司政所）	続々修18-4 3、5/438・解188

• 本表は石山寺写経機構の発行文書すべてと、内容が写経に関係する造石山院所（造石山寺所）の発行文書を年月日順に一覧した（39は造東大寺司の経所発行文書）。宛先欄の（ ）は推測。史料欄の表記は本文注（6）。㋜・㋕は『正倉院文書目録』による「接続ス」・「接続カ」。ただし『大日本古文書』巻／頁は始まりの頁のみ。「解○」は造石山寺所解移牒符案の番号。5の「歴49」は国立歴史民俗博物館編『正倉院文書拾遺』（便利堂、1992年）に釈文あり。22の未収は岸俊男「但波吉備麻呂の計帳手実をめぐって」（初出1965年、『日本古代籍帳の研究』塙書房、1973年）に釈文あり。

• 5にみえる道豊足は実際には造営側の領であるが、経所雑使という名目のほうが造東大寺司政所の許可を得やすいとの雄足の判断でこのように請求し、造東大寺司政所の文書（続修43⑮、5ノ133）も「経所雑使用」として充てた。桑原祐子「道豊足の人事」（『正倉院文書研究』13、吉川弘文館、2013年）参照。

• 6・7は経師・校生を請求する内容だが造営機構である「造石山院所」を発行主体とした理由は不明である。

• 15・16にみえる私部広国は造石山院所の仕丁であり、ここで石山院奉写大般若所を発行主体としているのは、複雑な経緯の事案なので、勅旨経を預かる仕丁ということにして速やかな解決を求めたためであると考えられる。

一　勅旨省とその前身機構

勅旨省の先行研究

勅旨省は、『続日本紀』宝字八年一〇月癸未（二〇日）の式部大輔勅旨員外大輔授刀中将従四位下粟田朝臣道麻呂を初見とし、延暦元年（七八二）四月癸亥（一一日）、「服翫足レ用」との理由で廃止され、所属する匠手は内蔵寮に移された（以下断らないが干支で表した出典史料は『続日本紀』）。成立時期、その前身機構については諸説ある。成立時期については、宝字八年九月の仲麻呂の乱直後とする山田英雄氏[8]、竪子所成立と同じ六年五月頃とする角田文衛氏[9]、六年六月庚戌（三日）の孝謙の政柄分担宣言に伴い勅命伝達機関として成立したとする米田雄介氏[10]の説がある。

これらは勅旨省の勅命伝達機関としての役割に着目した見解であるが、一方で天皇家の家産機関としての機能に着目した研究がある。鷺森浩幸氏は[11]、天皇家の家産は聖武天皇没後、光明皇后に継承され紫微中台―坤宮官が管理したが、光明没後、孝謙が処分権を継承するに至り、坤宮官廃止とともに勅旨省が成立したとする。前身機構としての勅旨所まで含めれば宝字四年に遡るともいう。中村氏も、孝謙が譲位後すでに持っていた家産機関をもとに、廃止後の坤宮官の機能を吸収して勅旨省に再編成したとする。田島公氏も[12]、勝宝八歳（七五六）の「大井荘勅施入文案」[13]にみえる「勅旨所」を勅旨省の前身とし、光明生前にすでに存在し、さらに聖武生前から太上天皇の私領管理の目的で成立していた可能性を指摘する。これに対して柳沢氏は、坤宮官解体後に天皇の家産管理を行う官司は設置されず、仲麻呂の乱後の八年一〇月頃、四等官任官により成立したとする。

勅旨省とその前身機構を解明するためには、勅命伝達と家産管理の両面を合わせた考察が求められる。角田氏は、勅旨省は廃止後も勅旨所として存続し、勅旨所の職掌を①勅旨の速やかな下達と②天皇家の土地管理とした。勅旨省はこれに加えて、内蔵寮に移管した③宮中の調度器物の調達も職掌として行っていた。私は勅旨省の成立を、この①～③の職掌に分けて考えたい。このうち②・③が家産機関としての職掌であり、②に財物（宝物）管理・施入を、③に諸物資調達をそれぞれ含めて検討する。

調度品と諸物資の調達

まず③の調度品と諸物資の調達について。鷺森氏は、宝字六年四月の東大寺鋳鏡用度注文（続修四十㊇、五ノ二〇一～二〇四）にみえる「禾田佐所《あわたのすけ》」を後の西大寺領近江粟田郡勢多荘の前身とみ(14)、粟田道麻呂が管理する勅旨省の一部局とした。この用度注文は孝謙の命令による鋳鏡に必要な物資を書き上げたもので、このなかの臈蜜・鉄・帛絁・生絁・調綿・調布・砥・青砥は、「禾田佐所」から受け取るよう内裏から指示された。米・塩・海藻・末醬・醬滓などは内裏から直接受け取ったことが造石山院所秋季告朔（続々修四十五ノ五裏④～①、十六ノ二四七～二五二）よりわかる。また白鑞と鉄生は内裏にないので買うべしと笠命婦の宣が出された（続々修十八ノ三⑱（接続カ）続修後集三十三⑵裏、十五ノ一八五）。白鑞と鉄生は「禾田佐所」でも調達できなかったのである。これらのことから、「禾田佐所」は内裏への諸物資調達の機能をもつ「所」とみてよい。「禾田佐所」の「佐」は宝字八年の勅旨員外大輔によるのではなく、このときの道麻呂の官職内薬佑によるとする柳沢説が妥当である(15)。道麻呂は内薬司の職掌とは別に、孝謙との人格的関係によって物資調達に従事しており、その拠点である「禾田佐所」は天皇の家産機構を構成する「所」であろう。天皇の公式な生活基盤である内裏を「公」とすれば、家産機関は「私」であり、後者は律令官制とは別個の論理で存在した。その組織原理は天皇と人格的に結びついた特定の人物が官職とは別に任務を果たすというもので、拠点として「所」が存在することもあった。

同じく宝字六年の「小野大夫所」[16]も、孝謙との密接な関係が認められる小野小贄[17]の「所」である。長島由香氏が指摘するように[18]、宝字四年、奈良でも経軸の製作に関わっていた。保良宮遷都とともに近江滋賀郡の小野氏本貫地に移り、孝謙の命による調度品などを製作していた。孝謙の移動に伴い自らの「所」を移動させたのも、小野小贄が孝謙に従属していたからであり、「小野大夫所」も家産機構の一端を担っていた。

土地・財物の管理・施入

次に孝謙のもとで、②土地・財物の管理や施入に従事した人物に注目したい。鷺森氏が分析した東大寺の双倉北雑物出用帳（北倉一七〇、四ノ一八七～二〇五、出入帳）によれば、勝宝八歳から宝字八年までの間、薬の出庫や財物（宝物）の出納について孝謙の許可を仰いでいる、または孝謙の命令を直に受けている人物に、竪子の葛木戸主・巨萬福信と、紫微中台官人の高丘比良麻呂がいる。

葛木戸主については、その名を冠する「葛木大夫所」の存在に注目したい。「葛木大夫所」は宝字四年の法華寺造金堂所解（続修三十六⑴、十六ノ二八一）にみえ、宝字三・四年に銭四二〇貫を造営費として拠出した。内裏一五六貫余、坤宮官一九六貫余よりも圧倒的に多い。これだけ多くの銭を出せる「葛木大夫所」は孝謙の家産機構をおいてほかには考えにくい。竪子である葛木戸主はこのとき天皇家の銭の出納管理をしており、家産管理の一端を担っていたと考えられる。宝字二年の知識大般若経写経の時にも、「葛木大夫所」から一四人分の知識銭が一括して送られた（続々修四十四ノ六裏[2]、十四ノ六三。同裏[13]、十四ノ二三八）。この一四人も孝謙に近侍し供奉する人々と思われる。

巨萬福信の名を冠した「巨萬朝臣所」もある。[19] 勝宝九歳三月に造東大寺司の緑青を検定した文書（続々修四十六ノ四13、四ノ二二三）によれば六一六斤八両が「巨萬朝臣所」から来ており、司家（造東大寺司）四二三斤余、大納言（仲麻呂）家一五八斤余よりも多い。これも孝謙所有の緑青であろう。勝宝九歳に沙金二〇一六両を大仏に塗るため造寺司に下充した時も、孝謙の御製を福信が竪子として承っていた（北倉一六八、十三ノ二〇七）。福信は天皇家の財物を管理する任務についていたのである。相撲が得意な福信は聖武に見いだされて竪子となった。[20] 福信の家産管理への従事は、聖武時代にまで遡る可能性がある。

高丘比良麻呂は、先の出入帳では二度、いずれも薬（財物）の出庫に関わって登場する。一度目は宝字五年三月二九日に多種類の薬を内裏献納と病者施与の目的で出庫する際の宣者としてみえ、この時越前介であった。二度目は八年七月二五日の施薬院合薬料として桂心一五〇斤を充てた際の使いとしてみえ、この時大外記兼内蔵助であった。同日付の施薬院解（北倉一六七、十六ノ五〇四～五〇五）は内竪秦牛養が作成、比良麻呂は知院事として署名し、この解文をもって蚊屋采女を通じて孝謙に許可を仰いでいる。このように東大寺双倉北にある孝謙が所有する薬の出庫に高丘比良麻呂が関与したのは、孝謙との人格的な結びつきによるからではないか。

高丘比良麻呂の官職は、勝宝三年から紫微中台の主典としてみえ、宝字二～四年の写経所文書に宣者としても登場する。[21] 宝字四年四月一五日には大外記とみえ、[22] 五年正月壬寅（一六日）に越前介に任じられた。このあと一度目の薬の出庫に関わっているが、同年、越前の班田国司として現地にいたことも確認できるので（東南院文書三櫃十五、五ノ五四三～五四四）、比良麻呂は越前と平城を行き来しながら、越前国司とは無関係に、孝謙の薬の出庫に携わったのである。その後、宝字八年正月己未（二一日）に内蔵助比良麻呂は大外記の兼官を命じられるが、二月九日越前国司公験（東南院文書三櫃十四、五ノ四七六〜四七七）に越前介として署名しており、このあと後任の国司に交代した。二度目の出庫は平城に戻った後で、内竪が文書を作成する施薬院は孝謙の支配下にあり、比良麻呂は孝謙から施薬院運営への関与も命じられていたと考えられる。これも大外記や内蔵助の職務とは無関係に行っていた。このように、比良麻呂は本官とは別に、孝謙との人格的関係から財物管理の一端を担っていた。

だが比良麻呂は仲麻呂の信任も厚かったようで、紫微中台主典時代はもちろんのこと、二度の大外記任官も仲麻呂直属の部下としての重用であり(23)、越前介への任官にも仲麻呂の意向が働いていたと思われる。だが仲麻呂の乱においては、仲麻呂の兵の増員を比良麻呂が察知して孝謙に密告するという重要な役を果たした(24)。比良麻呂には仲麻呂腹心の部下と、孝謙の忠臣という二つの顔があったのである。

このように、孝謙の家産は、孝謙と人格的に結びついた人物により担われ、特定人物の名を冠する「所」や知施薬院事のような形で現れることがある。任務の分担や規模など不分明な点も多いが、これが天皇家産機構の実態なのだろう。これまで聖武の家産は没後、光明に継承されたとみられてきたが(25)、それは家産管理を担う人物が同時に紫微中台（坤宮官）の官人でもあり(26)、表面的には坤宮官が家産管理をしていたようにみえていたからである。しかし、それでは説明のつかない粟田道麻呂・小野小贄のような事例がある。彼らは本官とは関係なく、つまり律令官司制とは別の論理によって、家産管理に従事していたと考えなくてはならない。勅旨省成立前の天皇家産管理は、天皇に人格的に従属する特定人物によって担われていた。非律令制的な論理が貫かれている点から推して、律令制以前の形態を引き継ぐものと思われる。

孝謙の家産機構をこのようにとらえると、勅旨省の前身とみられている勅旨所はどう考えればよいのか。勅旨所の根拠となっている史料は次の二点、㋑宝字三年末頃と目される正倉院木簡（中倉二〇二雑札第二号）(27)にみえる

「勅立物所」と、㋺仁平三年（一一五三）東大寺諸庄園文書目録（『平安遺文』六巻二七八三）にみえる山城国玉井庄の宝字四年「勅旨所文」という記載である。[28] まず㋺から。柳沢氏が「大井庄勅施入文案」（前出）冒頭の勅旨所を「東大寺飛驒坂所施入勅書案」[29] にみえる飛驒坂所と同じく、庄園の現地管理機関である庄所の名称とした点には説得力がある。これにならい、玉井庄の勅施入文に添付された「勅旨所文」の勅旨所も、現地の庄所を指したものと柳沢氏はいう。つまりこの場合の勅旨所は、勅施入によって成立した所領の現地組織であり、これも家産管理の一端を担う「所」の一つである（飛驒坂所も同様）。だがこの勅旨所は、勅旨省と同等の、広範にわたる家産全体をカバーする機構ではない。あくまで個別の家産を管理する現地の「所」である。

一方㋑については柳沢氏は、「勅立物所」を「勅旨物所」と読む田島説に従い、[30] 坤宮官管下で孝謙の家政に関わる物を扱う「所」ととらえ、機能的に見た場合の勅旨省前身であるとした。[31] この木簡は杉本一樹氏によれば、[32] 東大寺のある倉から法華寺金堂の鎮壇具に用いる品々を、大保（仲麻呂）宣により「勅立物所」に「充遣」した時の記録である。法華寺上座宝浄尼の署名があることから品物とともに法華寺に行き、残物とともに東大寺に戻ったという。これよりすると「勅立（旨）物所」は鎮壇具埋納の儀式や法華寺金堂造営に関わる「所」とみるのが自然である。「勅立（旨）物所」には、勅による建物または物に関する「所」以外の意味はなく、土地や財物まで含む家産全体を管理する「所」とするには無理がある。木簡の文面に下達の意味合いをもつ「充遣」の語を用いているのは、「勅立（旨）物所」が東大寺よりも上位の組織ではないからである。「勅旨炭」[33] や「勅旨経」[34] 同様、「勅旨」を冠する物品の調達は写経も含め様々な機関が担う。「勅旨大般若」（表1の2・6・7・8・23・24・25）を書写する石山寺写経機構もその一つである。いずれにせよ「勅立（旨）物所」は勅旨省前身機構とは言えない。

聖武の家産は死後、光明ではなく孝謙に受け継がれ、前述したように家産管理や物資の調達は、天皇が自らに人格的に従属する特定人物に命じ行っていた。組織としては特定人物の名を冠する「所」や庄所など個別の組織が確認されるだけであり、全体を統合するような機構や指揮命令系統は、勅旨省成立以前には存在していなかったとみるべきである。

勅命の速やかな伝達施行

では、勅旨省のもう一つの機能である①勅命の速やかな伝達施行についてはどうか。これは勅命を中務省や太政官を経由しないで施行することであり、官司名の由来でもある。勅命の伝達施行過程がわかる文書を素材に検討したい。

注目したのは吉川敏子氏の論考である[35]。氏は、土地・財物の施入文書を素材に、聖武没後の孝謙や光明の意志が、誰のどのような手続きで文書となり施行されたかを検討した。表2は吉川氏の表をもとに一部改変したものである。文中に「妾」とみえる2と9は光明の意志、冒頭に「勅」・「勅旨」または文中に「奉勅」とあれば孝謙の意志を示す。1～5の署名者はほぼ同じメンバー（紫微中台官人と侍従）であり、光明と孝謙で違いはない。6～8・10は一貫して仲麻呂一人が署名している。光明没後の10は全文仲麻呂の筆である。5までと6以下の大きな変化は仲麻呂の官職に対応している。1～5は仲麻呂が紫微令（勝宝元年八月辛未〈一〇日〉任）時代のものであるのに対し、6～8は紫微内相（勝宝九歳五月丁卯〈二〇日〉任）、9は大保（宝字二年八月甲子〈二五日〉任）、10は大師（宝字四年正月丙寅〈四日〉任）である。

吉川氏は仲麻呂が紫微内相になってからは仲麻呂一人が奉勅しており、これは紫微内相の「居中奉レ勅、頒二行諸司一」に基づくとした。「居中奉レ勅、頒二行諸司一」は『続日本紀』宝字二年八月甲子（二五日）の官号改易における紫微中台に対する表現である。勝宝九歳に設置された紫微内相は「掌二内外諸兵事一」である。「居中奉レ勅、頒二行諸司一」は紫微中台全体を表したものと解されてきた。しかし勝宝九歳七月戊申（二日）橘奈良麻呂謀反の密告を受けた仲麻呂が孝謙に奏し軍を出動させせえたのは、仲麻呂一人が孝謙の勅命を居中で受けたからであると吉川氏は読み、皇位継承に伴う不安定な情勢下で、勅命を迅速に施行するために「居中奉レ勅、頒二行諸司一」を紫微内相の権限として付与したと論じた。これは卓見であり、改めて『続日本紀』を読むと、勝宝九歳五月丁卯の孝謙詔には「新令之外、別置二紫微内相一人一」（傍点筆者）とある。紫微内相とは紫微中台長官と、藤原房前の内臣[36]を模した内相を兼ねた職名で、令外に新設したのである。仲麻呂は太政官のトップになってからも紫微内相であり続け、光明・孝謙の命を独占的に奉じた。つまり仲麻呂は、光明と孝謙の両方の意志決定に関与し、自らの権限で即実行できるシステムを創り出した。光明の命は紫微令就任時から独占が可能であったので、紫微内相就任によって獲得したのは孝謙の勅の独占権である。表2の6〜8・10には仲麻呂が孝謙の命を独占する実態が見事に現れている。淳仁天皇も仲麻呂の思うがままだったから、淳仁・孝謙・光明の三人の王権を仲麻呂が独占的に利用しうる体制の構築によって、仲麻呂は専権体制を確立したのである。

さて吉川説をふまえ、勅旨省成立の話に戻す。勅旨省の職掌①勅旨の速やかな伝達施行は、まさに仲麻呂の「居中奉レ勅、頒二行諸司一」そのものである。要するに宝字六年五月辛丑（二三日）保良宮で孝謙と仲麻呂（淳仁）が決別する前までは、職掌①は仲麻呂が独占していた。これより考えれば、平城に還り法華寺を御在所とし、六月庚戌（三日）政柄分担宣言をした時、孝謙は自らの命令を、既成の官制を使うことなく実行できる機能とシステムを必要としたわけで、勅旨の速やかな伝達施行を職掌とする勅旨省の創設はこの時以外には考えられない。この時の法華寺はいわば孝謙の内裏である。太政官制は仲麻呂の牛耳るところであるから、孝謙の内裏には何の財政的な基盤

表2　吉川敏子氏による土地・財物施入文書の分析

No.	年．月．日	文　書　名	用語	署名（位階と姓を省く）「　」は自署	主体	史　料	仲麻呂
1	勝宝８．６．12	東大寺宮宅田園施入勅（写）	勅	大納言兼紫微令中衛大将近江守藤原仲麻呂 左京大夫兼侍従大倭守藤原永手 紫微少弼兼中衛少将山背守巨萬福信 紫微大忠兼左兵衛率左右馬監賀茂角足 紫微少忠葛木戸主	孝謙	随心院文書・４/118〜119	紫微令
2	勝宝８．６．21	国家珍宝帳	妾	大納言兼紫微令中衛大将近江守藤原「仲麻呂」 左京大夫兼侍従大倭守藤原「永手」 紫微少弼兼中衛少将山背守巨萬「福信」 紫微大忠兼左兵衛率左右馬監賀茂「角足」 紫微少忠葛木「戸主」	光明	北倉158・４/121〜171	
3	勝宝８．６．21	種々薬帳	なし	同上	−	北倉158・４/171〜175	
4	勝宝８．７．８	法隆寺献物帳	奉勅	中務卿兼左京大夫侍従藤原「永手」以外は同上	孝謙	国立文化財機構蔵・４/176〜177	
5	勝宝８．７．26	屏風花氈等帳	奉勅	大納言兼紫微令中衛大将近江守藤原「仲麻呂」 中務卿左京大夫兼侍従大倭守藤原「永手」 紫微少弼兼中衛少将山背守巨萬「福信」 右大弁兼紫微少弼春宮大夫侍従巨勢「堺麻呂」 紫微大忠兼左兵衛率左右馬監賀茂「角足」 紫微少忠兼常陸員外介葛木「戸主」	孝謙	北倉159・北倉４/177〜179	
6	宝字元．閏８．20	十一寺戒本田勅（写）	不明	内相藤原朝臣	孝謙	壬生家旧蔵	紫微内相
7	宝字元．12.18	越中国砺波郡戒本田勅（写）	勅旨	内相藤原朝臣	孝謙	京都大学総合博物館蔵	
8	宝字２．６．１	大小王真跡帳	勅	紫微内相兼中衛大将近江守藤原「朝臣」	孝謙	北倉160・25/229	
9	宝字２．10．１	藤原公真跡屏風帳	妾	太保兼鎮国大尉藤原恵美「朝臣」 参議武部卿兼坤宮大弼侍従下総守巨勢「開麻呂」	光明	北倉161・４/337	大保
10	宝字４．７．23	東大寺封戸処分勅書	勅	太師藤原恵美朝臣（全文仲麻呂筆）	孝謙	中倉14・４/426	大師

- 本表は本文注（35）吉川論文の表2をもとに一部改変して作成。
- 勝宝７歳12月28日「孝謙天皇東大寺領施入勅」（東大寺文書4/84）は偽文書との指摘があるので除外した（丸山幸彦「板蠅杣の形成と展開」初出1973年、『古代東大寺庄園の研究』渓水社、2001年）。
- 勅・勅旨は冒頭にあるもの。奉勅は文章中に「奉勅」とあるもの。妾は文章中に光明自身を表す「妾」とみえるもの。６は破損のためか文字が写し取られていないので不明。
- ８・９・10の仲麻呂の自署「朝臣」は姓だがこれが自署である。６・７（写し）の「朝臣」も原本は自署であろう。
- 主体欄には施入主体（私見）を記した。
- 史料欄は正倉院の宝物番号と『大日本古文書』巻／頁。６・７は壬生家旧蔵京都大学総合博物館蔵「天平宝字元年越中国砺波郡戒本師田勅書（写）」（第26号雑文書－3（74-883））で、本文注（12）田島論文に釈文あり。

もない。そこで孝謙の家産管理に従事する人物を組織して、②土地・財物の管理・施入や③調度品と物資の調達を結合させた。これが勅旨省の創設であり、四等官も創設時に任官されたと推測する。したがって勅旨省は石山寺写経機構の所管官司ではないという結論に至る。

二　石山寺写経機構の性格

仲麻呂宣の写経事業

石山寺写経機構の所管官司に迫るため、写経事業の財政面から検討する。その前に、宝字五年一〇月保良宮遷都前までの孝謙・仲麻呂の関係を写経事業からみておきたい。

表３は仲麻呂宣による写経の一覧である。仲麻呂が紫微内相となった勝宝九歳五月以降、３～10の孝謙・光明発願写経の命令は造東大寺司の写経機構に仲麻呂宣として伝えられた。３は造東大寺司の通常業務の範囲内で行われ

表 3　仲麻呂宣による写経

No.	宣の年月日	宣　者	写　経	発願者	目　的	史　料
1	勝宝 4 . 2 . 12	紫微中台令藤原卿今日宣	薬師経 7 巻	光明か	聖武の病気平癒	続々修37- 4 [25]、11/167
2	勝宝 7 . 2 . 2	大納言藤原卿 2 月 2 日宣	花厳経1000巻（六十華厳10部・八十花厳 5 部）・観世音経1000巻	光明か	藤原宮子の周忌斎	続々修37- 4 [38]、3 /610
3	勝宝 9 . 6 . 14	紫微内相14日宣	心経100巻	孝謙	橘奈良麻呂の乱関係	続々修37- 4 [38]、3 /611
4	宝字元. 9 . 19	内相今月19日宣	金剛寿命陀羅尼経625巻・諸仏集会陀羅尼経400巻	孝謙	光明の病気平癒	続々修37- 4 [39]、3 /612
5	宝字 2 . 6 . 16	去 6 月16日	金剛般若経1000巻（真諦訳）	孝謙	光明の病気平癒	続々修18- 6 裏[16]・[15]、14/257～258
6	宝字 2 . 7 . 4	内相宣	千手千眼経1000巻・新羂索経10部280巻・薬師経120巻	孝謙	光明の病気平癒	続々修 8 - 1 ㊎、4 /274
7	宝字 2 . 8 . 16	去 8 月16日宣 大保去 8 月21日宣	金剛般若経1200巻（菩提流支訳）	孝謙	光明の病気平癒	続々修18- 6 裏[16]・[15]、14/258・続々修 8 -20(2)裏、14/172
8	宝字 4 . 正. 11	太師去正月11日宣	法花経45部360巻・理趣経45部45巻・金剛般若経45部45巻	光明	県犬養橘三千代の追善	続々修18- 6 [2]、14/367
9	宝字 4 . 2 . 10	太師宣 太師去 4 月15日宣	一切経（経律のみ）3433巻（光明没により中止）	光明	藤原北夫人の追善	続々修 1 - 6 ④、14/308・続々修18- 6 [32]、14/393
10	宝字 4 . 6 . 7	6 月 7 日宣	称讃浄土経1800巻	孝謙	光明七七斎	続々修18- 6 [52]、14/409～410

- 宣者欄は史料どおりに記した。 9 の宣者欄の太師 4 月15日宣は中断後の再開を命ずる宣。10の宣者は仲麻呂と推定。
- 発願者・目的について… 1 は勝宝 4 年正月11日聖武不予より。 2 は勝宝 6 年 7 月19日没の大皇太后藤原宮子の追善に関係か。 3 は橘奈良麻呂の変に到る政情不安の一掃（宮﨑健司「藤原仲麻呂と仏教」初出1991、『日本古代の写経と社会』塙書房、2006）とすれば孝謙発願か。 5 ～ 7 は光明の病気平癒のため孝謙発願（山本幸男「天平宝字二年の御願経写経」『写経所文書の基礎的研究』吉川弘文館、2002）。 4 も光明の病気平癒（山本）とすれば孝謙発願。 8 は光明の母県犬養橘三千代の命日（正月11日）のため光明発願（栄原永遠男「光明皇太后没前の写経事業群」『奈良時代写経史研究』塙書房、2003）。 9 は宝字 4 年正月29日藤原北夫人没の直後に追善のため光明発願（栄原同前）。10は宝字 4 年 7 月癸丑（26日）皇太后七七斎のため。
- 史料欄の表記は本文注（ 6 ）。

たが、[37] 4～10は仲麻呂率いる紫微中台直轄の東大寺写経所（安都雄足担当）の事業として行われた。[38] 必要物資の予算書（用度文）は太政官宛てに申請され、諸官司から写経生・雑物・食物等が供給された。表3以外にも宝字四年の光明・孝謙の発願写経は複数あり、側近の女官宣による小規模なものだが、[39] これも仲麻呂直轄の東大寺写経所が事業を担った。また、仲麻呂宣の有無が確認できないので表3から外したが、宝字四～五年に行われた光明の周忌斎一切経（孝謙発願）も、仲麻呂の政治的思惑が強く働いた写経事業である。[40] 石山寺での写経が始まる約半年前まで、仲麻呂は孝謙発願の写経事業を自らの権力誇示手段として利用していた。孝謙の勅を仲麻呂が単独で奉じて即、実行できる体制を維持して、舞台は宝字五年一〇月甲子（一三日）保良宮に移る。

雑物・食物の供給

「石山寺奉写大般若所」で始まる宝字六年正月一六日の文書（表1の1）は、内裏に対して紙・帙・綺・軸・菰・刀子・盆・漬菜を請求したものである。この内裏は孝謙の内裏で、淳仁のそれとは別に存在する。[41] 六年一二月には「石山院奉写大般若経所解」（表1の38）によって、写経後の残った雑物・食物の返上数を写経の用度（見積り）として報告した。「謹解」で結ばれているので太政官宛てである。ここには正月に孝謙の内裏に請求した紙も含まれており、雑物・食物の供給に太政官や諸司の関与をうかがえる。そのほか六年二月九日には宮内省被管の筥陶司から雑器（食器や調理用具）が供給された（続修四十三⑪、五ノ一〇四）。奈良没官司からも鉄釜が供給されたが、事業終了後の造寺司に安置し使用せよという仲麻呂宣からみて、仲麻呂の関与がうかがえる（表1の39）。内裏のみならず太政官や諸司からの物資供給は表3の4～10の仲麻呂宣による写経でも共通しており、ここに仲麻呂の関与を想定できる。

石山寺写経機構には食物が潤沢に供給されていた。米が不足して汲々としていた造石山院所とは対照的である。造営機構の造寺料銭用帳[42]によれば、七月二〇日〜九月一九日に「経料白米売価内借用」「経所米価内」(類似表現多数)とみえ、写経料の白米を売って得た銭を様々な用途に用いている。合計すると一八貫六五九文にもなる。売ったのは米だけではない。一一月一日の上馬養の米銭請用注文(続修四十一④、五ノ二八五〜二八七)によれば、経所に支給された白米・糯米・小豆・大豆・油を奈良で高く売って銭に替え、それに経所雑用料の銭を加えた約四九貫文の銭を、造寺料・写経料両方の食物・雑物購入費用に充てていた[43]。

次の、解移帳符案に含まれる二通の解文に注目する。

ⓐ　造東大寺司石山院所解　申請レ買レ米事(続々修十八ノ三④、十五ノ一五二)

　合弐拾斛　価銭拾壱貫 斛別五百五十文

　　右、為二雑工幷役夫等料一、所レ請如レ件。今具レ状、以解。

　　　天平宝字六年二月十日別当造東大寺司主典安都宿禰

ⓑ　造石山寺院所解　申買給米事(続修四十三⑫裏、十五ノ一五四)

　合白米壱拾斛　価銭伍貫伍伯文 斛別五百五十文

　右、以二今月十一日一、附二猪名部枚虫一、買給已訖。仍具レ状申如レ件、以解。

　　天平宝字六年二月十九日造東大寺司主典正八位上安都宿禰

ⓐもⓑも造営機構の発行文書である。通常なら「造石山寺所(造石山院所)解」で、宛先は造東大寺司政所、安都雄足の署名も別当・造東大寺司・正八位上は不要である。だがⓐ・ⓑは発行主体名と署名が特殊であり、造東大寺司政所宛てではないことがわかる。造石山寺所は、正月のスタート時から必要物資を造東大寺司政所に請求して

も、迅速かつ十分な量を支給されることはなかった。特に米は無いからと却下され、雄足が良弁を動かし、やっとのことで近江国愛智郡の宝字四年租米の徴収権が充てられた[44]。米が枯渇していた二月中旬、雄足はこの事態打開のため自らの判断で、造東大寺司政所ではないところに米の購入費用を請求したのがⓐ、支給額は半分であったが、それで勢多庄領に米を買わせたことを報告したのがⓑである。どこに宛てられた解文か。雄足が宝字二年に仲麻呂から直接指名を受けたことを鑑みれば（後述）、宛先は仲麻呂率いる太政官と考えてよいだろう[45]。雄足は、造石山院所が米を仲麻呂に請求するのは正当な手続きではないと承知の上で、仲麻呂に造寺料の米代を請求した。肩書きの別当は石山寺写経機構の別当の応用で、この肩書きであれば仲麻呂に直接上申できるという雄足の判断である。ここからも、雄足が別当をつとめる石山寺写経機構と仲麻呂との密接な関係が浮かびあがる。

さらに焼炭所にも注目したい。荒炭三〇斛を進上する六年三月一四日の焼炭所解（続修二十六⑤、五ノ一四二）には、散位尋来津船守と乾政官史生上毛野薩摩が署名している。三〇斛は写経料として充てられたものである。造石山院所は四月一〇日・一五日・六月二六日の三度にわたり計七石の荒炭を経所から借用し、これを孝謙の鋳鏡料として造東大寺司に送った[46]。鋳鏡料の勅旨炭（荒炭・和炭）を造石山院所が受け取ったのは六月初めであった。平城還都に伴う焼炭事業停止によって、件の炭は「大殿御畠倉」に仮置きされた[47]。「大殿」とは仲麻呂のことである[48]。炭の仮置き場に仲麻呂の畠倉が使われるというのは、通常では考えにくい。太政官史生が運営に携わる焼炭所自体が仲麻呂との関係を有する「所」で、小石村の焼炭司とは一線を画す機関であろう。前述の三月一四日焼炭所解は仲麻呂に宛てられた解文であり、荒炭三〇斛とともに石山寺写経機構に到来したと考えられる。大量の荒炭も仲麻呂の差配によって石山寺写経機構にもたらされたのである。

このように、石山寺写経機構の食物・雑物は、内裏・太政官・諸司、さらに仲麻呂に関係のある「所」から潤沢に供給された。その潤沢さは仲麻呂関与のゆえだろう。このことは、石山寺写経機構における『大般若経』写経が、仲麻呂にとっても重要な事業だったことを意味する。これらのことから、雄足を別当として石山寺写経機構を運営させたのは仲麻呂であり、石山寺写経機構は仲麻呂率いる太政官管下に設置された「所」であると考える。かつての仲麻呂率いる紫微中台（坤宮官）支配下の東大寺写経所と同様の仕組みが、太政官支配下の石山寺写経機構にも応用されたのである。もう少し具体的にいうと、宝字二年七月四日仲麻呂は「宜仰二造東大寺司主典安都雄足一令レ奉レ写」（続々修八ノ一㊎、四ノ二七四）という宣によって、東大寺写経所という紫微中台直轄の「所」を設置し、太政官所管の造東大寺司から切り離した(49)。これにより、孝謙の命令を背景にもつ仲麻呂宣という形で、直属の雄足に、官司の論理を超えて命令することが可能になった。この論理が、平城還都以前の石山寺写経機構の雄足と仲麻呂率いる太政官との関係にも生きていると考える。

三　仕丁の逃替・新配・養物請求の実態

先行研究の問題点

最後に仕丁の問題をクリアにしておきたい。そもそも中村氏の疑問の発端は、石山寺写経機構が仕丁の養物を「省家」に請求している点であった。㋑造石山院所の場合、上級官司である造東大寺司政所に請求しているのだから、石山寺写経機構の場合も上級官司に請求しているのではないか。仕丁が民部省から充当されていることをもって、石山寺写経機構が民部省に付属したとは考えにくい。㋺石山寺造営機構は式部省宛てには移を用いているので民部省宛てにも移を用いるはずである。だが養物請求文書は解であるから民部省ではない。㋑・㋺より「省家」は勅旨省なのではないかと、中村氏は考えたのである。

これに対する柳沢氏の批判は次の通りである。㋑については、石山寺写経機構は仕丁の逃替請求を月養物請求に合わせて行い、逃替仕丁は造東大寺司を通さずに直接民部省から充てられている。だから養物請求先の「省家」は民部省である。㋺については、石山寺写経機構が移によって式部省・左大舎人寮・散位寮宛てに上日を報告する文書はすべて宝字六年九月以降のものであり、それ以前は牒を用いていた。雄足らの上日報告や消息を伝える発行主体が造石山寺所から石山写経所へと変化した時期も九月以降であり、造石山寺所の解体に伴って石山写経所の位置づけが変化し、文書形式や仕丁の扱いに変化が生じたからである。ただし仕丁の返還は民部省に対して行われたと、柳沢氏は述べている。

前節までの考察で養物請求先の「省家」が勅旨省ではないことは判明したが、柳沢氏の中村説に対する批判には私見と異なる部分も多い。以下、仕丁の逃替と養物請求に関する石山寺写経機構の実態を明らかにしておきたい。

仕丁の逃替と新配

宝字五年一二月二三日甲斐国司解（正集十八⑩、四ノ五二三～五二四）は逃亡した坤宮官廝丁の替えを貢上する解文で、オクに六年二月三日の「仁部省充　石山寺奉写般若所」という書き込みがあり、民部省から直接石山寺写経機構に逃替仕丁充てられたとわかる。これが充文で[50]、仕丁とともにもたらされる。充文に記された本貫地（国郡郷戸口）が逃替や養物請求では重要となる[51]。逃替だけではなく新配仕丁も民部省から充当される。解移帳符案中の宝字六年二月一四日の文書（続修四十三⑫裏、十五ノ一五三）では、奈良の造東大寺司に充てる新配仕丁四人が造石山寺所から充文を副えて進上されている。これは造石山寺所が保良宮のすぐ近くに所在していたことから、造東大寺司の窓口としての機能を果たすようになったためである。[52] 造東大寺司に新配された仕丁は、政所が各「所」に振り分けた。造石山院所の仕丁も造東大寺司政所から充遣され、仕丁の逃替は造東大寺司政所宛てに申請された。[53] そのため造石山院所の逃替請求には国名のみで詳しい本貫地記載はない。[54] 充文が造東大寺司政所に保管されているからである。

民部省が石山寺写経機構に直に逃替仕丁を充てたことをもって、逃替も民部省宛てに請求されたとはいえない。二月一四日の丈部高虫の逃替請求文書（表1の4）は「奉写大般若所解」として書かれたが、本貫地も国名だけで、造東大寺司政所に宛てられたと考えられる。奈良から連れてきた仕丁だったので、充文が造東大寺司政所にあったからである。また、五月七日逃亡の占部小足の逃替請求（表1の20）を六月二一日の月養物請求（表1の19）に合わせて行い、それをもって逃替・月養物ともに民部省に請求したとする柳沢氏の見解は正確ではない。逃替請求も月養物請求も、前述したように石山寺写経機構を所管する太政官宛てに請求されたと考えるべきである。太政官はそれをそのまま民部省に回し、民部省が処理し、養物は民部省に取りに来させ、逃替仕丁は直接充てたのである。[55]

仕丁の国養物請求と銭運用

仕丁の国養物は、一人につき一年分銭六〇〇文を国が責任をもって支出した。[56] 各国は一二月までに仕丁を民部省に貢進、年が明けて各官司に新配され、[57] その後各官司が国養物を請求する。表4は石山寺写経機構の国養物・月養物請求文書一覧である。1の国養物請求文書によれば、三月二〇日太政官宛てに文書を出し、二四日に五人分銭三貫を民部省より受け取った。石山寺写経機構では、すぐに各仕丁に半分の三〇〇文ずつ支給したが、残りは造営側の銭運用に用いられた。

造寺料銭用帳[58]によると五月二七日から八月一九日までの間、「借二用経所仕丁等功銭内一之」や「経所仕丁為二雇夫一功内」という記載が一六箇所みられる。この銭で造営側の雇夫に功銭を払い、食物や雑物を買い、愛智郡租米を運ぶ道間粮、信楽殿を運ぶ銭に充てるなど、様々な用途に用いた。造営側では米だけではなく銭の不足が常態化

表4　石山寺写経機構の国養物・月養物請求文書（宝字6年）

No.	月　日	文書冒頭	署　名	内容・書止	宛　先	史　料
1	3月20日	奉写石山大般若所解　申請仕丁等国養物事	案主散位従8位上下／造東大寺司主典安都	5人　本貫戸口まで「欲向省家」「以解」	太政官	続々修18-3⑫、15/170～171
2	4月6日	石山寺写経所解　申請仕丁等去2月并3月養物事	案主散位従8位下上／別当造東大寺司主典正8位上安都	5人　本貫なし「以解」	造東大寺司政所	続々修18-3⑰、15/181
3	5月16日	石山院奉写大般若所解　申請仕丁等月養物事	案主散位従8上位下／別当造東大寺司主典正8上安都	5人　本貫戸口まで「欲向省家」「以解」	太政官	続々修18-3㉘、15/206～207
4	6月21日	石山院奉写大般若所解　申請仕丁等月養物事	案主散位従8下位上／別当造東大寺司主典正8位上安都	4人　本貫戸口まで「欲向省家」「以解」	太政官	正集6⑶裏、15/215～216
5	9月1日	石山院奉写大般若経所解　申請仕丁等月養物事	主典正8位上安都	2人　本貫郷まで「謹解」布・綿の数量記載	太政官	続修9⑧裏、未収ⓧ続修26⑨裏、16/1
	（訂正後）	石山院奉写大般若経所合応請月養仕丁厮2人			造東大寺司政所	
6	10月3日	石山院奉写大般若所合応請月養仕丁3人	主典正8位上安都	3人　本貫郷まで布・綿の数量記載　書止なし	造東大寺司政所	続々修18-3㊲、15/246
7	11月30日	石院務所解　申(請)月養仕丁事	主典正8位上安都	3人　本貫郷まで布・綿の数量記載「以解」	造東大寺司政所	続修44④裏、15/248

• 内容・書止欄には仕丁人数、本貫地記載の有無、「欲向省家」の文言の有無・養物数量記載、書止文言などを記した。
• 宛先欄はすべて推測。
• 史料欄の表記は本文注（6）。

しており、[59] 雄足は造営側にかかる費用を捻出するため、一時的に「経所仕丁等功銭」名目の銭を借りて運用したのである。その銭を合計すると一四五四文となる。先にみた仕丁国養物の残額三〇〇文の五人分一五〇〇文に近い額である。これより仕丁国養物の半分の銭が、五月終わり～八月半ば、造寺料に用いられたことがわかる。

では、その後この銭はどのように処理されたか。同帳簿には、五月二七日に雇夫九一人料として銭一貫九二文（人別一二文）を「右、五月中雇役経所仕丁等功、下置如ㇾ件」とみえる。同様に八月九日に六月中雇役の経所仕丁七六人分（人別一二文）、七月中雇役の経所仕丁一〇四人分（人別九文）の功銭が下充された。この合計額二九四〇文は経所仕丁各人に支給されたのではなく、一旦石山寺写経機構の財政内に入れ、そこから国養物の残額一五〇〇文を仕丁五人に支給し、国養物請求文書（表4の1）への書き込み「残三百文」に「給了」と追記した。残る一四四〇文が仕丁に功銭として支給されたかどうかは不明だが、その可能性は低いだろう。[60]

国養物請求と支給に関しては造東大寺司の事例がある。宝字六年の「造東大寺司解」（続修二十八④、十五ノ二五六～二五七）は一次文書として残ったものだが、[61] 詳しい本貫地記載、「請二己等国養物一、欲二省家向一申」という仕丁款状の引用が石山寺写経機構の場合と同じである。この「造東大寺司解」も太政官宛てでありながら「省家」に受け取りに行きたいと書いている。請求文書の宛先（太政官）と養物の受け取り先（民部省）は別なのである。宝字六年二月、奈良の造東大寺司は造瓦所の人員を、仕丁の養物を受け取りに大津宮（保良宮）に参向させた（続々修三十八ノ九裏5～1、五ノ一二五～一三一）。保良宮の民部省まで、造東大寺司全体の仕丁の養物を受け取りに行かせたのである。

仕丁の月養物請求

月養物は毎月、前月分を請求できる。養物は二〜七月は庸布一段、八〜正月は庸綿二屯である。表4の2〜7が石山寺写経機構の月養物請求文書である。計六回の請求にもかかわらず、一度も支給されなかったのは、未進だったからか。注意したいのは柳沢氏が述べる九月以降の文書形式や仕丁の扱いの変化である。2は石山寺写経所という発行主体名で書かれ、仕丁の本貫地記載はない。これは造石山院所の月養物請求文書と同じ書式である[62]。奈良から連れてきた仕丁なので充文が政所にあるため、2は造東大寺司政所に宛てられたのである。しかし所管官司はあくまで太政官なので、これ以降は太政官宛てに請求するよう是正された。3および4は「石山院奉写大般若所解」で、仕丁の本貫地は戸口まで記され、文中に引用された仕丁等の款状に「請㆓己等月養物㆒、欲㆑向㆓省家㆒」とみえる。この「省家」は柳沢氏の理解と同じ民部省と考えるが、それはこの請求文書に、民部省が照合に用いる本貫地の詳しい記載（国郡郷戸口）があるからである。表4の1・3・4は、いずれも戸口までの本貫地記載と「欲㆑向㆓省家㆒」がセットである点が注目される。養物は仕丁が民部省に取りに行くが、養物請求文書は太政官宛てである。

文書の形が変わるのは5以降である。訂正前の5「石山院奉写大般若所解」は訂正後「解」以下を消し、6のように文書形式なしの文書となった。文末の「謹解」も5には残ったままだが6にはない。このような文書の形は、所管関係がない上申文書の場合に用いられる。重要なのは安都雄足の位置で「別当」も「造東大寺司」もなく造石山院所の発行文書同様、主典のみである。これより5・6は造東大寺司政所宛てに出されたと判断される。本貫地記載が簡略化されているのも、造東大寺司政所どまりだからである。そのかわり庸布・庸綿の数量を明記して養物の確保に注力した。孝謙と仲麻呂の決別によって、太政官（仲麻呂）―石山寺写経機構の指揮命令系統にも混乱が生じ、太政官に請求することがかなわなくなり、雄足は次善の策として造東大寺司政所に請求する方策を選んだ。

同じく政所宛ての7「石院務所解」はもはや写経機構名を使わず、完全に造東大寺司の一部局として請求した。このように石山寺写経機構の発行文書は、発行主体名・文書形式・宛先が一定せず、一筋縄では解釈できない。その背景にあるのは、保良宮への遷都とそれに伴う石山寺の造営、孝謙と仲麻呂の決別と平城還都というめまぐるしい情勢変化であって、造石山院所の解散とは全く関係がない。

民部省から養物を直接受け取るか否か、これによって戸口までの本貫地を記載するか否かが決まる。石山寺写経機構の場合は民部省から直接受け取るので戸口までの本貫地記載を必要とし、造石山院所は造東大寺司政所を通して受け取るので本貫地記載が不要だった。だから石山寺写経機構に配属された仕丁は民部省に受け取りに行きたいと訴え、造石山院所の仕丁は造東大寺司政所に取りに行きたいと訴えていたのである。

おわりに

本稿では、石山寺写経機構を仲麻呂率いる太政官直轄の「所」と結論づけた。宝字二年七月に仲麻呂の直接的支配下に入った東大寺写経所の性格が、石山寺写経機構にも受け継がれているのである。先行研究に導かれて、孝謙の家産継承と家産機構の存在形態、紫微内相がもつ「居中奉レ勅、頒二行諸司一」の意味、勅旨省の成立とその前身機構、仕丁の逃替・養物請求と支給にも言及することとなった。それぞれに分厚い先行研究があるので、本稿で十分に述べることはできなかった。ただ、正倉院文書からわかることを最大限に引き出そうと努めたつもりである。ご教示・ご叱責賜れば幸いである。

注

（1）名称に様々なバリエーションがあるので、本稿では石山寺写経機構と呼ぶ。
（2）石山寺造営機構については、拙稿「石山寺造営機構の性格と展開」（『正倉院文書研究』一六、吉川弘文館、二〇一九年）を参照。
（3）中村順昭「光明皇太后没後の坤宮官」（初出二〇〇三年、『律令官人制と地域社会』、吉川弘文館、二〇〇八年）。以下中村氏の見解はこの論文による。
（4）柳沢菜々「勅旨省の成立と展開」（『ヒストリア』二九二、二〇二二年）。以下柳沢氏の見解はこの論文による。
（5）注（2）拙稿。
（6）正倉院文書の出典は東京大学史料編纂所編『正倉院文書目録』による種別・断簡番号（㊎は全一断簡）と『大日本古文書（編年）』の巻ノ頁で示す。『目録』未刊部分は紙番号□を示す。必要に応じて接続情報を示す。
（7）『観世音経』百巻写経の史料は、充紙帳（続々修三十八ノ八裏⑬、二十五ノ二六〇～二六一）と、写経生ごとに行事をまとめたメモ（続々修十八ノ二③、五ノ四五七～四五八）がある。
（8）山田英雄「桓武朝の行政改革について」（『古代学』一〇－二・三・四、一九六二年）。
（9）角田文衞「勅旨省と勅旨所」（初出一九六二年、『角田文衞著作集3律令国家の展開』、法藏館、一九八五年）。以下、角田氏の見解はこの論文による。
（10）米田雄介「勅旨省と道鏡」（『古代学』一二－一、一九六五年）。
（11）鷺森浩幸「八世紀の王家と家産」（初出一九九六年、『日本古代の王家・寺院と所領』、塙書房、二〇〇一年）。以下断らない限り、鷺森氏の見解はこの論文による。
（12）田島公「天平宝字元年の勅旨と越中国砺波郡の戒本師田」（『砺波散村地域研究所研究紀要』一〇、一九九二年）、金田章裕・田島公「越中国砺波郡東大寺領荘園図」（金田章裕・石上英一・鎌田元一・栄原永遠男編『日本古代荘園図』東京大学出版会、一九九六年）、田島公「美濃国東大寺領大井荘の成立事情」（続群書類従完成会編『季刊ぐ

んしょ』一六－二・三、二〇〇三年)。以下、田島氏の見解はこれらの論文による。

(13) 京都大学文学部日本史研究室蔵「西尾種熊氏文書」。注(12)田島論文。

(14) 注(11)鷺森論文、鷺森浩幸「八世紀の流通経済と王権」(初出一九九四年、注(11)鷺森著書)。

(15) 『続日本紀』宝字三年七月丁丑(一三日)。

(16) 造石山寺所解移帳符案中の宝字六年七月二五日「造石山院所」(続々修十八ノ三㉞、十五ノ二三三〜二三四(接続ス)続修別集八①裏、十五ノ二三四)。

(17) 小野小贄は、『続日本紀』宝字七年正月壬子(九日)に内蔵助、四月丁亥(一四日)に造宮少輔、八年正月己未(二一日)に紀伊守、天平神護元年正月己亥(七日)の仲麻呂の乱の功績により従五位となり、同年一〇月紀伊国行幸でも叙位、陪従により賜物を受けた。

(18) 長島由香「正倉院文書に見える奈良時代の軸について」(『正倉院文書研究』一五、吉川弘文館、二〇一七年)。

(19) 洗布幷帙散注文(続々修十二ノ二(5)裏、十二ノ四五九)にみえる「巨麻大夫所」も巨萬福信の「所」であろう。

(20) 『続日本紀』延暦八年(七八九)一〇月乙酉(一七日)。

(21) 宝字二年の『金剛般若経』千巻(続々修十八ノ三裏⑩、十四ノ四五)や四年の『法華経』『理趣経』『金剛般若経』各四五部(続々修十八ノ六⑩、十四ノ三七三)の写経命令は高丘比良麻呂宣により伝えられた。

(22) 続々修十八ノ六53、十四ノ四一一。

(23) 仲麻呂宣を比良麻呂が伝宣した例として太師恵美押勝宣(続々修一ノ六④、十四ノ三〇八)をあげる。後掲表3の5・8は比良麻呂宣としてもみえ(注(21))、これも同様の事例である。

(24) 『続日本紀』宝字八年九月壬子(一八日)。神護慶雲二年六月庚子(二八日)。

(25) 注(11)鷺森論文、注(4)柳沢論文、注(3)中村論文、注(12)田島論文。

(26) 勝宝元年八月辛未(一〇日)の紫微中台成立時に、葛木戸主が紫微少忠、巨萬福信が春宮亮から紫微少弼に任官。高丘比良麻呂は勝宝三年七月三〇日に紫微少疏(続々修四十二ノ五裏⑩、十一ノ五五六〜五五七)、宝字四年正月一一日に坤宮官大疏（続々修五ノ十四(全)、十四ノ二八八）とみえる。

（27）正倉院木簡（中倉二〇二雑札第二号）は、正倉院事務所編『正倉院宝物6中倉Ⅲ』（毎日新聞社、一九九六年）に写真。木簡学会編『日本古代木簡選』（岩波書店、一九九〇年）に杉本一樹氏の解説あり。杉本一樹「光明皇后と正倉院宝物」（『ザ・グレイトブッダ・シンポジウム論集第九号　光明皇后』、東大寺、二〇一一年）。

（28）宝字四年の「勅旨所文」は、同じ東大寺所領の文書目録で仁平目録より古い大治五年（一一三〇）目録（『平安遺文』五巻二一五六）や久安三年（一一四七）目録（『平安遺文』六巻二六〇九）にはみえない。勅書に比べて軽視されたからか。

（29）「孝謙天皇東大寺飛驒坂所施入勅書案」（内閣記録課所蔵、二十五ノ二〇〇〜二〇一）。「東大寺領飛驒坂所公験案」（奈良筒井英俊氏所蔵、二十五ノ二〇三〜二〇四）。いずれも写し。

（30）注（12）田島論文は「立」を「旨」の異体字「㫖」のくずし字とみて「勅旨物所」と読むが、「㫖」の最後の画「一」をしっかり書いており「立」が妥当と考える。

（31）春名宏昭「太上天皇制の成立」（『史学雑誌』九九‐二、一九九〇年）は、早くこの木簡の「勅立物所」に注目し、家政機関的性格をもつ勅旨省の前身機構の存在を示唆した。

（32）注（27）杉本論文は「勅立物所」と読み、勅によって建てられた建造物に関する「所」と解している。

（33）孝謙勅による鋳鏡に用いる炭を「勅旨炭」と称した（続々修四十四ノ十[45]、十五ノ四六六〜四六七）。

（34）「勅旨経」と称された写経は宝字二年『金剛般若経』千二百巻（続々修十八ノ六裏[53]、四ノ三二三。同[45]、四ノ三四四。同[42]、十四ノ一八九。同[38]、十四ノ二二一。続々修四十四ノ五裏[9]、十四ノ一九〇）、宝字六年石山寺の『大般若経』一部（表1の15・16・23〜25。続修二十六⑨裏⑤裏、十六ノ一・二）、宝字七年『法華経』二部（続々修五ノ十二(全)、十六ノ三三六）、宝字八年『大般若経』一部（続修別集一⑦、十七ノ六）の四つで、すべて孝謙発願写経である。「勅旨」と孝謙の命令に相関関係があることをうかがわせる。

（35）吉川敏子「紫微中台の「居中奉勅」についての考察」（初出二〇〇〇年、『律令貴族成立史の研究』、塙書房、二〇〇六年）。

(36)『続日本紀』養老五年（七二一）一〇月戊戌（二四日）。

(37)造東大寺司の写書所が約一ヶ月で仕上げた（続々修三十八ノ六③～⑤、四ノ二三三～二三四、四ノ二三六～二三七）。

(38)拙稿「東大寺写経所と写書所」（『南都仏教』一〇一、二〇二〇年）。

(39)栄原永遠男「光明皇太后没前の写経事業群」（『奈良時代写経史研究』、塙書房、二〇〇三年）。

(40)山本幸男『写経所文書の基礎的研究』（吉川弘文館、二〇〇二年）の第二章によれば、一切経一部を多数の写経生を動員し約七ヶ月で仕上げるという破格の計画を立て、実際に約九ヶ月で五三三〇巻を完成させた。

(41)『続日本紀』宝字六年六月庚戌（三日）の孝謙宣命によれば、孝謙は淳仁と別宮にいたと明言している。小笠原好彦「近江保良宮の造営とその擬定地」（『日本考古学』四二、二〇一六年、『古代近江の三都』、サンライズ出版、二〇二一年・『古代宮都と地方官衙の造営』、吉川弘文館、二〇二二年）を参照。

(42)造石山寺所造寺料銭用帳の当該箇所（七月二〇日～九月一九日）は、続修別集三十二裏(全)、五ノ三六二～三六九（接続カ）続修二十九⑤裏、五ノ三六九～三七一（接続ス）続々修四十三ノ九②、十五ノ四四四～四四六。

(43)吉田孝「律令時代の交易」（初出一九六五年、『律令国家と古代の社会』、岩波書店、一九八三年）。

(44)注（2）拙稿。

(45)三野拓也「書評　矢越葉子著『日本古代の文書行政』」（『史学雑誌』一三一－一、二〇二二年）もⓐⓑを太政官宛てとする。造東大寺司牒（続修別集七⑫、五ノ一〇三）に「自レ今以後、如レ此雑物、便申レ官用。夫此砥替、請レ官報之」（傍点筆者）とみえ、「官」は太政官を指し、雑物は太政官に請求するよう政所から命じられているからだとする。「官」には国家・公などの意味もあり、必ずしも太政官を指すわけではない点注意が必要。

(46)造石山寺所雑材并檜皮及和炭用帳の当該箇所は、続々修四十五ノ四①～③、十五ノ三六五～三六九と続修二十五⑤裏、十五ノ三七一～三七二。

(47)「焼炭所状」（続々修四十四ノ十[45]、十五ノ四六六～四六七）、草原嶋守啓（続修四十八⑨、十五ノ四六七）。

(48) 中川ゆかり「「大殿門」に差し上げるために、良い芹がどうしても要るのだが…」（初出二〇一四年、『正倉院文書からたどる言葉の世界』、塙書房、二〇二一年）。

(49) 注（38）拙稿。

(50) 櫛木謙周「律令制人民支配と労働力編成」（初出一九七九年、『日本古代労働力編成の研究』、塙書房、一九九六年）。

(51) 甲斐国司解の漢人部千代の本貫地は国郡郷までであるが、これは逃亡した漢人部町代と同じ戸から貢上されたからであろう。表1の10・17・19には戸口までの記載がある。

(52) 注（2）拙稿。

(53) 造石山院所解移牒符案の宝字六年正月一五日「造石山寺所解」（続々修十八ノ三[1]、十五ノ一三七～一三八）。正月二〇日には催促している（同[2]、十五ノ一三九～一四〇）。

(54) 造石山寺所解移帳符案の宝字六年三月一三日「造石山院所解」（続々修十八ノ三[9]、十五ノ一六三）。五月一七日「造石山院所解」（正集六(2)裏、十五ノ二〇七～二〇八）。

(55) 天平一七年四月大粮申請継文の場合、春宮坊の被管である造寺所解（続々修六ノ十⑦(2)裏、二十四ノ三二四（接続ス）続々修二十三ノ五⑧(6)裏、八ノ五四四～五四五）は春宮坊本体と被管の監や署も合算した春宮坊移（続々修二十八ノ九(1)裏、二ノ四二二）とは別にそのまま民部省に提出された。同様に一七年一〇月の継文でも造甲可寺所解（続修二十二①、二ノ四二一～四二二）は春宮坊移（正集四①、二ノ四七六）と別個である。令内官司は被管すべてを合算して請求するが、令外官の「所」の場合は集計せずに「所」の文書がそのまま民部省まで行って処理された事例である。

(56) 櫛木謙周「律令制下における役丁資養制度」（初出一九八四年、注（50）櫛木著書）。

(57) 国司は一二月以前に仕丁を民部省に送る規定があり（『延喜式』民部省上）、民部省の新配は造東大寺司の例では二月半ばである（続修四十三⑫裏、十五ノ一五三）。

(58) 造石山寺所造寺料銭用帳の当該箇所（五月二七日～八月一九日）は、続々修四十三ノ九③～⑦、十五ノ四四六～四五〇（接続ス）続修別集三十二裏㊎、五ノ三六二～三六九（接続カ）続修二十九⑤裏、五ノ三六九～三七一。

(59) 解移牒符案の三月一三日「謹啓　削息事」（続々修十八ノ三⑩、十五ノ一六五～一六六）では雄足が良弁に銭・米・菜の不足を訴えている。注（2）拙稿参照。

(60) 青木和夫「雇役制の成立」（初出一九五八年、『日本律令国家論攷』、岩波書店、一九九二年）は、この帳簿の記載から経所仕丁を造営側で使用する場合は雇役という方法を使うしかなかったとする。功銭の半分は国養物からの前借りであったことが判明したので、再検討が求められる。

(61) この「造東大寺司解」にみえる仕丁は三名とも造石山寺所配属の仕丁であり、このうち山鹿栗栖は二月三日に正月上日三〇日を以て半食残米を支給され（続修別集四十二㊎③、五ノ一〇）、その後の動向は不明。正月一五日に全五人分の国養物を造東大寺司政所に請求した造石山寺所解（続々修十八ノ三①、十五ノ一三七～一三八）よりも前に書かれたと推測される。造石山寺所の仕丁国養物は造東大寺司政所宛てに請求し、政所が各「所」分を集計・一括して太政官宛てに請求する。実際、造石山寺所の仕丁国養物（銭）は造東大寺司政所から正月二九日に支給されている（正集五①(3)、五ノ七六～七七）。ただしこの「造東大寺司解」は造石山寺所が自分のところの仕丁国養物請求を太政官宛てに作成した変則的なもので、「勅旨」経に預ると称して銭を請求する目的で書かれた可能性がある。

(62) 造石山院所の仕丁月養物請求文書は、三月一〇日（続々修十八ノ三⑧、十五ノ一六二～一六三）と五月四日（続々修十八ノ三㉕、十五ノ二〇二～二〇三）の二通。後者では仕丁を奈良の造東大寺司まで別件で行かせ、奈良で雄足が各人に支給した（続々修四十五ノ二裏⑩・⑨、十五ノ四六五～四六六）。

（付記）本稿は二〇二一年五月二八日の第六一回正倉院文書を読む会での報告をもとに成稿したものである。当日参加してくださった方々に感謝いたします。

あとがき

木簡などの出土文字史料を除けば、正倉院文書は奈良時代唯一の伝世の同時代史料といってよい。皇后宮職管下の組織にはじまり、造東大寺司の写経所へと発展する宮廷写経所で生じた文書群で写経所文書とも呼ばれる。宮廷写経所の主な業務である写経事業に関わる事務帳簿が中心であるが、紙背には反故紙として支給された公文（公文書）が多く含まれている。これらは当該官司の業務実態を示すもので、その実態を明らかかする格好の材料である。また請暇解や月借銭解などからは写経生の生活実態が知られ、官司内外との文書のやり取りは、律令体制下の文書行政のあり方をも示してくれる。きわめて貴重な史料群で奈良時代史研究にとっていわば宝の山といえよう。編者も強く心惹かれ、遅々としてではあるが、その研究をすすめている。

しかしながら、幕末から明治にかけての整理において、本来は反故紙である紙背の公文に着目、整理されたため、奈良時代の最後の姿を攪乱することになった。そして、もとの姿を取り戻すために「復原」という作業が必要となった。この作業はたいへん煩雑で手間のかかるものであり、史料的価値が高いにもかかわらず、いまだ十分に活用されない要因ともなっている。特に仏教史においては格好の史料群でありながら、その研究状況は活発とはいえず、たいへん惜しまれるところである。

本書の上梓の契機は、編者の教員生活の節目という点にもあるが、それにもまして正倉院文書の有用性とおもしろさを広く世に問いかけ、その研究が促進されることを強く願う点にある。そのようななか、本書への寄稿をお願いしたところ、七名の方々から貴重な論考を寄せていただき、拙稿を含め八篇の論文を収載することができた。

これら諸論考は、①写経組織と写経事業の解明、②当該期の仏教理解（仏教学の水準）、③官人と僧侶との人間関係の解明に寄与するものと考える。

①では造東大寺司写経所の事務官に関わってあらわれる石山寺写経機構の組織上の位置付けや官司としての「所」の実態を論じ、石山寺写経機構を律令官司制度のなかに位置付けた山下論文、正倉院文書にみえる「金字経書写注文」を詳細に検討し、国分僧寺の五重塔に埋納された聖武天皇発願の紫紙金字『金光明最勝王経』の関係史料であることをあきらかにした野尻論文、天平宝字七年（七六三）に書写された『梵網経』『四分僧戒本』『四分尼戒本』が『梵網経』に記された頭陀行に持参すべき十八種物の一部であることを指摘し、孝謙太上天皇の出家受戒と深い関わりをもつことを明らかにした堀論文があげられる。

②では天平勝宝元年（七四九）良弁宣による慧苑述『続華厳経略疏刊定記』を含む章疏の書写が華厳理解の深まりという教学の深化の進展とリンクして実施されたことを明らかにした遠藤論文、灌仏会・盂蘭盆会関係仏典を網羅的に検討して両儀礼の受容の実態を明らかにし、これら具体的な儀礼が写経に基づいて実施されるようになったことを指摘した内田論文、天平二〇年（七四八）の『救護身命経』書写とそれに関連する写経事業の分析を通して護国思想の諸相を明らかにし、支配者層の意図とその受け手側の被支配者層との間に理解や受け止めに相違があることを指摘したロウ論文、天平勝宝年間（七四九～七五七）におこなわれた仏典研究に値する勘経の実態を正倉院文書の勘経史料とその対象となった現存古写経の実地調査による知見とを対比・検討することで明らかにしようと試みた拙稿があげられる。

そして、③では天平勝宝六年（七五四）の行信厭魅事件を手がかりに、王権や政権と僧侶の関わり方が当該期の政治動向と密接に関わっていることを描き出した大艸論文があげられる。

拙稿はともかく、いづれも具体的な組織や写経事業、仏教理解の状況などを正倉院文書の分析により詳論したものであり、有効な知見をいくつももたらす研究成果といえよう。まさに編者の意図するところを実現するにふさわしい諸論考となっており、ご執筆各位には感謝に堪えない。

さらに刊行にあたって栄原永遠男先生にはご多忙のなか、おして一文を寄せていただいた。そこでは編者の研究を取り上げ、過分な評価を頂戴しており、実際の業績を頭に浮かべると面映ゆい気持ちである。編者が正倉院文書の研究をかじりはじめた頃、縁あって正倉院文書研究会に参加し、また栄原先生の大学院ゼミにお邪魔するなど、正倉院文書の本格的な研究方法を学ばせていただいて以来、今日に至るまでご教導いただいている。先生のご教導なくして研究をすすめることはできなかったであろう。その学恩には深謝して余りあるものがある。栄原先生のお言葉を肝に銘じて、いましばらく正倉院文書に真摯に取り組んでいこうと思う。

最後になったが、書籍離れといった出版事情の厳しい昨今、とりわけ難しい学術書でありながら本書を上梓できたのは、法藏館社長西村明高氏の格別のご高配によるものであり、篤く御礼申し上げる。また編集を担当いただいた今西智久氏には、論文構成など多岐にわたり相談にのっていただき、何とか形にすることができた。氏にも篤く御礼申し上げる。

二〇二四年十一月

叡山を望む西賀茂の茅屋にて

宮﨑健司

執筆者一覧

遠藤慶太（えんどう　けいた）
一九七四年生まれ、兵庫県出身。大阪市立大学大学院文学研究科博士課程修了。博士（文学）。現在、皇學館大学文学部教授。専門は日本古代史。
〔主要業績〕『人物叢書　仁明天皇』（吉川弘文館、二〇二二年）、「備後国の領域編成　瀬戸内海と陰陽連絡」（『国立歴史民俗博物館研究報告』二四四、二〇二四年）など。

野尻　忠（のじり　ただし）
一九七二年生まれ、群馬県出身。東京大学大学院人文社会系研究科博士課程単位取得退学。現在、独立行政法人国立文化財機構九州国立博物館文化財課課長。専門は日本古代史。
〔主要業績〕「薬師寺伝来の大般若経（魚養経）と正倉院文書にみる宝亀初年の一切経書写」（『鹿園雑集』二〇、二〇一八年）、科研報告書『慈光寺所蔵「大般若経（安倍小水麻呂願経）」の調査と研究』（奈良国立博物館、二〇一七年）など。

内田敦士（うちだ　あつし）
一九八六年生まれ、愛知県出身。大阪大学大学院博士後期課程修了。博士（文学）。現在、九州大学人文科学研究院講師。専門は日本古代史。
〔主要業績〕「称徳朝における章疏の勘経」（『仏教史学研究』六三－一、二〇二〇年）、「宮都における盂蘭盆会の日中比較」（堀裕・三上喜孝・吉田歓編『東アジアの王宮・王都と仏教』勉誠社、二〇二三年）など。

ブライアン・ロウ（Bryan D. Lowe）
一九八〇年生まれ、米国ニューハンプシャー州出身。プリンストン大学。博士。現在、プリンストン大学宗教学部准教授。専門は日本仏教史。
〔主要業績〕*Ritualized Writing: Buddhist Practice and Scriptural Cultures in Ancient Japan*. Honolulu: Kuroda Institute Studies in East Asian Buddhism (University of Hawaiʻi Press), 2017. "Roads, State, and Religion in Japanese Antiquity." *History of Religions* 59, no. 4 (2020): 272-303.

宮崎健司（みやざき　けんじ）
※奥付に別掲

堀　裕（ほり　ゆたか）
一九六九年生まれ、愛知県出身。京都大学大学院博士後期課程単位取得退学。博士（文学）。現在、東北大学大学院文学研究科教授。専門は日本古代史。
〔主要業績〕堀裕・三上喜孝・吉田歓編著『東アジアの王宮・王都と仏教』（共編著、勉誠社、二〇二三年）、「大宰府と秋田城の四天王寺伽藍配置試論――『類聚三代格』巻二・宝亀五年三月三日官符の検討とともに――」（本郷真紹監修『日本古代の国家・王権と宗教』法藏館、二〇二四年）など。

大艸　啓（おおくさ　ひろし）
一九八二年生まれ、京都府出身。大谷大学大学院文学研究科博士後期課程仏教文化専攻満期退学。博士（文学）。現在、大谷大学文学部講師。専門は日本古代史。
〔主要業績〕『奈良時代の官人社会と仏教』（法藏館、二〇一四年）、「正倉院文書から見た浄土信仰」（『正倉院文書研究』一八、二〇二三年）など。

山下有美（やました　ゆみ）

一九六二年生まれ、東京都出身。大阪市立大学大学院文学研究科博士課程修了。博士（文学）。専門は日本古代史。

〔主要業績〕『正倉院文書と写経所の研究』（吉川弘文館、一九九九年）、「東大寺写経所と写書所」（『南都仏教』一〇一、二〇二〇年）など。

編者略歴

宮﨑健司（みやざき　けんじ）

1959年、兵庫県出身。大谷大学大学院文学研究科博士後期課程修了、博士（文学）。現在、大谷大学文学部教授、大谷大学博物館長。専門は日本古代宗教史。著書・論文に、『日本古代の写経と社会』（塙書房、2006年）、「「仏法東帰」考——大仏開眼会への道程——」（『大谷大学研究年報』74、2022年）などがある。

正倉院文書を考える

二〇二四年十一月二十五日　初版第一刷発行

編　者　宮﨑健司

発行者　西村明高

発行所　株式会社　法藏館
京都市下京区正面通烏丸東入
郵便番号　六〇〇-八一五三
電話　〇七五-三四三-〇〇三〇（編集）
〇七五-三四三-五六五六（営業）

装　幀　野田和浩

印刷・製本　中村印刷株式会社

ISBN978-4-8318-7784-0 C3021